현대 한국병 진단과 처방

21세기 **만언봉사**

21세기 만언봉사

발행일	2015년 10월 3일

지은이	소 이 원		
펴낸이	손 형 국		
펴낸곳	(주)북랩		
편집인	선일영	편집	서대종, 이소현, 권유선
디자인	이현수, 윤미리내, 임혜수	제작	박기성, 황동현, 구성우, 이탄석
마케팅	김회란, 박진관, 이희정, 김아름		
출판등록	2004. 12. 1(제2012-000051호)		
주소	서울시 금천구 가산디지털 1로 168, 우림라이온스밸리 B동 B113, 114호		
홈페이지	www.book.co.kr		
전화번호	(02)2026-5777	팩스	(02)2026-5747

ISBN   979-11-5585-768-7 03300(종이책)   979-11-5585-769-4 05300(전자책)

이 도서의 국립중앙도서관 출판예정도서목록(CIP)은 서지정보유통지원시스템 홈페이지(http://seoji.nl.go.kr)와
국가자료공동목록시스템(http://www.nl.go.kr/kolisnet)에서 이용하실 수 있습니다.
(CIP제어번호 : CIP2015026467)

현대 한국병 진단과 처방

21세기 만언봉사

| 소이원 지음 |

대한민국의 어제를 통해
오늘을 진단하고
바른 처방과 그 실천으로
밝은 내일을 준비한다

book Lab

서문

2014년 4월 16일 오전에 전라남도 진도군 맹골수도 해역에서 인천을 떠나 제주도로 향하던 청해진해운 소속 여객선 세월호가 침몰했다. 단체 수학여행을 가던 고등학생을 포함하여 400명이 넘는 탑승객 중에서 170여 명만 구조되고 사망자 및 실종자를 합해 300명이 넘는 희생자가 발생한 초대형 참사였다.

사고 현장에서는 아직도 실종자 구조작업이 완료되지 못한 채 침몰된 선박 인양작업을 위해 다양한 노력이 진행 중이고 관계 당국은 사고 조사 및 후속 조치를 진행 중이다. '세월호 증후군'[1]이라고 불릴 정도로 한국사회 전체가 사고로 인한 슬픔과 안타까움에 젖어 피해자 및 유가족과 아픔을 함께하며 정치, 경제, 사회 전반에 큰 반향을 일으키면서 다시는 유사 사고가 재발되지 않도록 특단의 조치가 이루어져야 한다는 자성의 움직임도 일고 있다. 사고 발생 원인에 대해서는 조사 당국의 조사가 진행되면서 여러 가지 원인이 거론되고 있다.

현재까지 알려진 바로는 4월 15일 밤에 안개로 인한 기상상태의 악조

---

1) 사고 선박의 이름, '세월호'를 인용해서 부여한 명칭. 사고 후유증이 심각하여 사회적, 경제적 파장이 큰 현상.

건에도 불구하고 무리하게 출항하였으며, 항해 위험구간인 맹골수도를 지나면서도 경험이 일천한 항해사가 조타실 당직근무를 책임지면서 과속과 방향전환 과정에서 문제가 발생하여 배가 기울기 시작하고, 견고하게 결속되지 않은 적재 화물이 한쪽으로 쏠림현상이 가중되어 배가 균형을 잃고 전복 침수된 것으로 추정하고 있다.

사고 후 구조단계에서도 선장을 비롯한 승무원들에 의한 신속·정확한 상황 보고, 구명조끼 착용, 구명정 전개, 퇴선 명령, 안내 방송 및 탈출 지도 등 긴급상황 발생 시 당연히 이루어져야 하는 승객구조 조치가 제대로 이루어지지 않은 것으로 나타나고 있다. 또한 노후 선박을 외국으로부터 구입한 후 구조 변경을 하고, 구조 변경에 따른 무게중심 변동과 연계하여 선박의 복원력을 유지하고 선박의 안전운행과 직결된 기본적 필수 준수사항으로 알려진 적정 평형 수, 적재 정량 준수, 견고한 화물 적재 및 고정 이행에도 문제점이 있는 것으로 알려지고 있다.

이를 종합해 보면 우선 선장을 비롯한 선박 및 회사의 사고 관련 직접 당사자들의 과실과 책임이 큰 것으로 알려지고 있다. 그러나 사고 원인을 좀 더 심층적으로 확대 분석해 보면, 사고 후 민간과 정부 등 모든 유관기관 간 신속하고 일사분란한 구조 구난 체계 작동이 미흡하고, 정부의 여객선 인허가 및 관리 감독체계, 재해재난 예방 및 대응체계, 선박 운항 및 정비 관리 감독과 관련된 유관기관 간의 업무협조 체계, 선박 운항사의 경영윤리와 내부 관리시스템, 임직원의 자질과 직업윤리 업무수행 능력 등 전반적인 면에서 문제점이 내재된 것으로 나타나고 있다. 또한 사고 후 실종자 구조, 사망자 처리 및 보상, 사고 관련자 수사 및 검거, 사고 조사 및 후속 조치 과정에서도 여러 가지 난맥상이 노출되고 있다.

대형 선박의 제작 및 운항과 관련된 모든 업무는 정교하고 통합된 과학기술과 기계공학, 안전규정 및 항해술에 기반을 둔다. 그러나 세월호 사고 발생 전, 사고 발생 직후 구조작업, 사후 후속조치 등 일련의 과정에서 나타난 직·간접적으로 관계된 사람들의 사고방식과 행태는 한국 사회가 천박한 황금만능사상과 근시안적 이기주의, 무사안일, 무책임 등 여러 가지 병폐가 매우 복잡하게 뒤엉켜 중병을 앓고 있음을 보여주고 있다. 즉 세월호 사고는 오늘날 한국 사회에 누적된 제반 병폐가 외부로 적나라하게 노출된 전조증상前兆症狀으로서, 가치관이 전도顚倒되고, 인간이 물질을 지배하지 않고 물질의 노예 상태가 되어, 주객이 바뀌면, 배가 전복顚覆된다는 상징적 경고의 뜻을 한국 사회에 보내고 있다고 심각하게 받아들여야 한다.

세월호 사고의 상처가 채 아물기 전인 2015년 4월초에 유력 정치인 및 고위 관료 비리 폭로 사고가 발생했다. 기업가가 자신의 사업과 관련하여 정치인과 바람직하지 못한 관계를 이어오다가 사정 당국의 조사가 진행되자 비리 정치인 명단을 폭로하고 스스로 생을 마감하면서, 사회 전반에 큰 파장을 일으켰다.

정치, 경제 분야에 내재된 금품을 매개로 하는 천박한 인간관계, 뇌물, 비리, 자살 등 온갖 부정적 병리 현상이 노출된 사건으로서, 오늘날 한국 사회를 이끌어 가는 지도층의 도덕적 해이 현상의 심각함을 보여주는 또 다른 전조증상이다.

이외에도 하루가 멀다하게 신문 방송 사이버 매체 등 각종 미디어를 통해 알려지는 정치 경제 사회 문화 군사 등 사회 전반에 걸쳐 발생하는 각종 비리非理와 관련된 다양한 사건 사고는 한국사회가 건강성과 건전성에 심각한 문제가 있음을 보여주고 있다. 바야흐로 한국사회는 건강한 사람이 일시적으로 감기를 앓고 있는 상태가 아니라, 면역성이 저하된 사람이 여러 가지 질병에 노출되어, 합병증이 발생하여 외부로 적나라하게 노출되고 있는 것과 같은 상황에 처해 있는 것으로 보인다.

병을 치료하는 데는 대중요법對症療法과 병인요법病因療法이 있다. 한국사회의 제반 부정적 현상은 단순한 대중요법으로는 치료가 어려운 구조적이고 복합적인 원인이 내재된 것으로 보인다. 따라서 병리현상의 근본 원인을 밝혀 치료해야 완치될 수 있다.

필자는 1950년대 중반에 태어나 한국 현대사의 굴곡과 함께 살아온 전후 세대의 한 사람이다. 필자의 개인적 소견으로는 반복되는 각종 사고 및 사건의 성격과 원인이 한국 사회에 내재된 각종 병리 현상이 초래한 사회적 재앙으로 판단된다.

즉 인간의 힘으로는 불가항력적인 천재지변이 아니라 인간의 탐욕과 무지, 불성실이 초래한 최악의 인재人災[2]라고 볼 수 있다. 이는 특정인 한 사람의 책임만이 아니라 한국 현대사를 살아온 모든 사람에게 일말의 책임이 있으며 대오각성大悟覺醒이 요구되는 상황이다.

필자도 전후 세대의 한 사람으로서 몸소 체험하면서 살아온 현대사에 대하여 스스로 반성하는 마음으로, 한국사회에 내재된 주요 병리현상의 내용과 원인 그리고 이를 치유하기 위한 대책을 제시하여, 냉철한 반성과 사회적 학습의 전기가 되어 보다 근본적으로 이를 개선하여 유사 사

---

2) 태풍, 홍수, 지진 등 자연현상에 따른 재해를 천재(天災), 인간이 자초한 재난을 인재(人災)라고 함.

건 사고의 재발을 방지하고 선진문화 정착의 계기가 되어 새로운 한국으로 태어나기를 바라면서 책을 발간하게 되었다.

책의 제목을 조선왕조의 역사적 교훈을 본받아, 조선 중기사회를 살면서 사회적 병폐를 진단하여 임진왜란 발생 전 선조임금에게 우국충정의 심정을 담은 글을 올린 이율곡 선생의 만언봉사萬言封事[3]를 참조하여 「21세기 만언봉사」로 하고 부제로 '현대 한국병 진단과 처방'을 추가하였다.

먼저, 제1장은 역사의 교훈으로서 이율곡 선생의 만언봉사를 중심으로 알아본다. 제2장은 현대 한국 사회의 문제점 진단으로, 현대 한국사 70년을 결산하고 주요 병리 현상에 대해 분석한다. 제3장에서는 제2장에서 분석된 문제점에 대한 대책을 제시하고 마지막 제4장은 맺음말로 마무리한다.

이 책에서 사용하는 한국병韓國病의 뜻은, 한국 사회가 분단 및 냉전 남북대결 상황에서 단기간에 경제성장, 산업화, 민주화를 추진하는 과정에서 발생된 병폐라고 정의한다. 또한 한국 사회의 병리현상病理現狀, 사회적 병폐病弊도 같은 맥락과 의미로 사용되었음을 밝힌다.

그리고 이 책은 학술성에 주안을 둔 가치중립적 연구서이기보다는, 필자가 현대사를 직접 살아오면서 관심을 갖고 연구하고, 경험하고 느낀 것을 정리하여, 고전古典의 가르침과 교훈에 비추어서, 현대 한국 사회가 지닌 부정적인 면을 분석하고, 개인적 직관과 통찰력을 바탕으로 작성한 한국 사회의 바람직한 미래에 대한, 가치 지향적 인문사회 서적임을 밝

---

3) 조선 중기 이율곡 선생이 선조 임금에게 올린 상소문, 1만 자의 언어로 작성된 봉해진 문서라는 의미.

힌다. 또한 논의를 전개하는 과정에서 긍정적이고 잘된 점보다는, 한국 사회의 미래를 위해 주마가편走馬加鞭[4]의 심정으로, 부정적이고 문제점에 주안을 두고 분석하였다. 특히, 한국 현대사 부문은 현재도 역사가 진행 중이고, 논의 주제와 관련된 사람들이 아직도 생존해 있어 개인의 가치관, 역사관, 사고방식의 차이에 따라 견해가 다르고 오해의 소지가 있을 수 있다. 그러나 모든 것이 필자의 개인적 시각에 따라 작성되었다는 점을 널리 양해를 구한다.

그리고 이율곡 선생의 만언봉사와 관련해서는 강세구 엮음(2007), 「만언봉사, 목숨을 건 직설의 미학」을 주로 참조하였으며, 기타 참고 서적과 자료는 각주와 참고 문헌란에 제시하였다. 독자들의 편의를 고려하여 사용된 한자 용어와 외래어, 그리고 본문 내용 중 보완 설명이 필요한 부분에 대해서는 각주에 추가하였다.

아무쪼록 이 책이 세월호 사고로 희생된 모든 분들과 가족, 그리고 고통과 아픔을 함께한 사회 구성원들에게 조금이나마 위로가 되고, 한국 사회를 보다 건강하고 건전하게 변화시키는 데 작은 도움이라도 되었으면 한다.

단기 4348년, 서기 2015년 10월 3일 개천절에, 분단 70년, 광복 70년을 회상하며…….

소이원蘇二元

---

4) 달리는 말에 채찍을 가한다는 뜻으로, 잘하고 있는 사람을 더 잘하게 하기 위해 독려한다는 의미.

차례

제3장
한국 사회의
병리현상 치료를
위한 처방

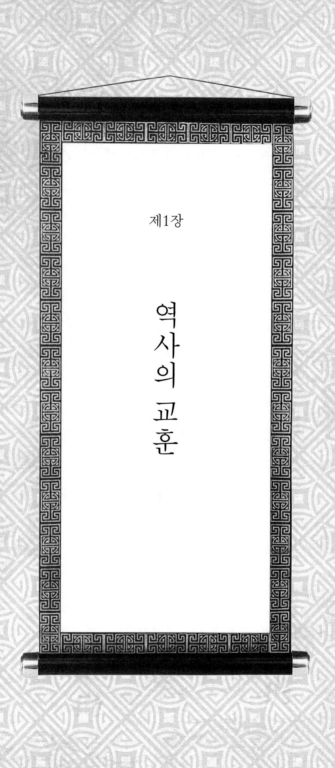

제1장

역사의 교훈

1. 조선왕조 사회의 수립과 흥망성쇠興亡盛衰

　조선왕조는 고려 말기에 나타난 성리학을 신봉하는 신흥 사대부 계층과 왜구와 여진족 소탕에 기여한 이성계를 중심으로 하는 군부세력이 중심이 되어 권문세족이라고 불리던 고려 말기의 특권귀족계층을 무너뜨리고 세운 정권이다.

　당시의 권문세족權門勢族은 농장을 독점하고 국가 사회적 부와 권력을 집중하여 백성들에게 돌아가야 할 몫을 사적으로 독점하여 사회적 불균형이 심화되고 백성들의 삶이 피폐해지자 과전법科田法[1]이라 불리는 토지소유제도의 혁신을 중심으로 백성들의 삶을 개선하는 정책을 통해 민심의 지지를 받고 권문세족 집단을 타도하고 수립되었다.

　고려 말기 사회의 문제를 개혁하는 방법에서 고려의 왕 씨 왕조를 유지하면서 체제 내 개혁을 주장하는 노선과 역성혁명을 통해 왕조를 교체하고 근본적으로 체제를 개혁해야한다는 의견이 충돌하기도 했지만, 이성계, 정도전, 조준 등 역성혁명파가 주도하여 1392년 새로운 왕조가 수립되게 되었다.

　조선사회는 이른바 사, 농, 공, 상 등 4개 신분계층으로 구분되는 농업

---

1)　관리들에게 봉급을 주기 위해 지급하는 토지를 과전이라고 함. 경기도를 제외한 국가의 모든 토지를 공전으로 전환하여 백성들에게 경작권을 주고, 특정 귀족층의 토지독점소유를 원천적으로 금지함으로써 토지제도에 일대혁신을 가져옴.

경제에 기반을 두는 신분사회였다. 농업생산에 직접종사하고 군역과 조세를 담당하는 상민들이 사회의 기층을 이루고 공업이나 상업은 보조적 역할에 머물고 지배층은 문반과 무반으로 구분되는 양반계층이 담당하였다. 조선사회의 건강성과 성장 지속성은 지배계층의 건전한 통치이념과 윤리, 농업경제가 얼마나 발전하고 상민층이 중심이 된 기층세력이 얼마가 튼튼하고 생산성 향상을 주도하면서 사회발전을 견인할 여건을 보장하느냐에 달려있었다.

조선왕조가 수립되고 왕조교체 초기의 불안정을 극복하고 4대 세종대왕(1418-1450)시대 정치, 경제, 사회, 문화 전반에 비약적인 발전과 성장을 이루고 9대 성종대왕(1469-1494)까지 비교적 안정된 상태를 유지하였다. 그러나 안정된 시기가 지속되고 왕조 수립 후 약 200년이 경과하면서 사회적으로 노쇠현상이 나타나기 시작했다.

특히, 1392년에 고려에서 조선으로 왕조가 바뀐 이후 성리학을 통치이념으로 하고 명나라를 상국으로 섬기는 것을 기조로 하는 사대교린事大交隣[2]의 외교안보정책은 현실안정을 지향하면서 외부로부터 심각한 안보상 위협이나 침략이 없는 것과 맞물려 시간이 흐를수록 조선사회를 현실안주 기득권유지 및 사익추구 형식주의와 무사안일, 타성에 젖어들게 하였다.[3]

조선사회의 병리현상은 지배층으로부터 시작되었다. 왕권과 신권 간 권력의 조화와 균형문제는 왕조 수립 초기에 왕권중심의 지배체제 확립

---

2) 크고 강한 나라는 섬기고, 다른 이웃나라와는 대등하게 교류 협력한다는 의미.
3) 이기백, 「한국사 신론」(서울, 일 조각, 1984), p.245.

으로 어느 정도 마무리되어 안정을 유지하였다. 고려 말기에 개혁성을 명분으로 역성혁명으로 집권에 성공한 신흥 사대부 계층은 소수 지배계층 신분으로 왕조 창업기에는 건전성과 개혁성을 그런 데로 유지하면서 사회발전을 주도하였다.

사대부 계층은 직접 생산에 참여하지 않고 유교경전 중심의 학문을 하고 과거시험을 통해 관료로 등용되어 공직에 종사하는 것이 주된 역할과 임무였다. 조선의 관료조직은 문반과 무반으로 구분하여 "내 삼천 외 팔백[內3千 外8百]"[4]이라는 말이 의미하듯이 중앙 직 3천, 지방 직 8백 합하여 3천8백 정도에 지나지 않았다. 초기에 양반 숫자가 많지 않을 때에는 양반 인원수와 관직 수 간 수요 공급의 적절성과 균형이 어느 정도 유지되었으나, 관직 숫자는 일정한데 양반 인구수가 증가하면서 불균형이 발생하고 이에 따른 부작용이 나타나게 되었다.[5]

특히, 성종대왕 시대 점점 세력이 확대되고 세월이 경과함에 따라 기득권 계층으로 대두된 훈구세력의 독단과 전횡을 견제하고, 왕권을 강화할 목적으로, 고려 말기 역성혁명을 거부하고 조선왕조에 참여하지 않은 채, 재야에서 학문과 후학 교육 중심으로 은거하던 사림파[6]를 조정에 등

---

4) 조선시대 관직 숫자를 상징적으로 표현하는 말, 문관과 무관 포함하여 중앙 직 3천, 지방 직 8백 도합 3천8백 정도의 직위가 있었던 것으로 전해지고 있음.

5) 조좌호, 「한국 과거 제도사 연구」(서울, 범우사, 1996), p.29.

6) 사림(士林)이란, 지방에 근거지를 두고 학문을 하는 사대부를 말함. 이들은 중앙정계에 진출하기보다는 지방에서 영향력을 행사하면서 지냄. 특히, 영남지방의 사림은 고려 말기 역성혁명에 반대하고 조선왕조에 벼슬하기를 거부한 길재의 학통을 계승한 학자들로서 김종직, 정여창, 김일손 등 유능한 학자가 배출되었다. 이들이 중앙정계에 진출함으로써 훈구파와 사림파 간 경쟁과 대립이 심화되고 나아가서 당쟁이 발생하게 되었다.

용하면서 이른바 훈구파와 사림파간 경쟁과 다툼이 가시화되었다.

경쟁과 다툼은 조선 중기 연산군, 중종, 인종, 명종시대에 발생한 무오사화, 갑자사화, 기묘사화, 을사사화 등 4대 사화士禍[7]의 형태로 나타났다. 이는 훈구파와 사림파 사이의 양반 관료사회의 권력 주도권 장악과 관직 쟁탈을 위한 다툼이 극심하였음을 잘 보여주는 사례이다.[8] 사화로 인한 잦은 정변과 옥사, 처형 및 귀양 등 지도층 내부의 심각한 분열과 갈등 대립으로 인하여 국가의 기강은 해이되고 민생은 도탄에 빠지는 등 사회적 병폐가 심각하였다.

조선중기사회가 지닌 구조적 문제는 장기간 외부로부터 안보상 위협이나 위기가 없는 가운데 내부지향적 안정국면이 지속되고 무사안일과 타성이 심화된 점, 그리고 사회적 지도층인 양반계층은 생산 활동에 직접 종사하지 않고 무위도식 한다는 것과 양반 숫자는 증가하는 데 비해 관직 숫자는 고정된 상태로 수요공급의 불균형 현상이 누적되면서 지배계층 내 분열과 갈등이 심화되었다는 점, 그리고 이와 관련하여 양반계층을 먹여 살리고 사회를 유지하고 지탱하는 핵심 생산 담당 계층의 부담이 가중되고 누적되고 있는 점, 그리고 성리학 중심으로 오로지 과거

---

7) 선비들이 화를 입은 사건이란 의미. 4대사화 중 무오사화(戊午史禍)는 역사 기록과 관련된 옥사로서 선비 士 대신 역사 史를 쓴다.

8) 조선시대 사대부 계층은 평소에 유교 경전 중심으로 공부를 하고 과거시험에 합격해야 관직에 진출하여 국가로부터 녹을 받고 생계를 이어간다. 즉 공직자가 되는 것이 직업을 갖게 되는 길이다. 관직에 진출하면 권력과 부를 얻을 수 있기 때문에 양반계층 내에서 점점 경쟁이 치열하고 갈등이 심해져 사화(士禍)와 당쟁이 발생하고 후대에는 더 이상 양반신분을 유지할 수 없는 상황이 도래하여 잔반으로 전락하는 자가 많아져 양반 중심의 신분체제 질서가 붕괴된다.

시험 합격에 주안을 둔 학문 활동으로 각종 사회문제를 해결해야 할 학문적 다양성과 포용성, 창의성이 부족했던 점을 들 수 있다.[9]

이는 국가 사회가 장기적으로 달성하고 추구해야 할 목표와 비전을 상실한 가운데 사회의 지도계층이 '노블레스 오블리주Noblesse Oblige'[10] 정신과 본분을 망각하고, 현존하는 부와 권력을 누가 더 많이 차지하느냐는 문제에만 혈안이 되어, 서로 더 많은 권력과 이익을 차지하기 위해 갈등과 분열을 일으키면서 이로 인한 부작용이 사회 모든 분야로 확대된 것으로 볼 수 있다.

현대적 의미로 국가 사회의 지도 계층이 제 역할을 올바르게 하지 못해 공동체를 구성하고 있는 사회 구성원 계층별로 불균형 현상이 심화되어, 국민들의 부담과 고통이 증가하여 국가 사회의 전반적인 면에서 대대적인 구조개혁이 필요한 상황에 봉착한 것이라고 할 수 있다. 이와 같은 역사적 배경과 맥락에서 조선시대를 통틀어 가장 훌륭한 종합적 국정개혁방안으로 알려진 이율곡 선생의 만언봉사가 등장하게 되었다.

---

9) 사대부들은 문무 양반의 관료 예비군으로서 평소에 4서3경 위주의 유교 경전으로 공부를 하는 것이 주 임무다. 그리고 과거에 합격하여 관직을 받아야 권력과 부를 얻고 사회적 지위를 누릴 수 있었다. 따라서 과거시험 합격 여부가 인생의 중대한 고비였다. 현대 한국 사회가 명문대 합격을 위한 입시 위주 교육이 치열하듯이 조선 사회도 자연스럽게 과거시험 합격 위주의 학문이 당연시되었다.

10) 사회적으로 고귀한 신분에 있는 사람에게는 그에 상응한 의무가 수반된다는 의미. '노블레스 오블리주' 전통은 서구 사회를 지탱해온 지도층의 도덕과 윤리의 기본정신임. 로마 시대 귀족층은 스스로 국방을 위한 자금과 무기를 장만하고 의무적으로 전쟁에 참여해야 했고, 영국 왕실의 왕자가 현역 군인으로 복무하고 전쟁에도 참가하는 전통이 대표적인 사례임.

2. 이율곡 선생의 만언봉사萬言封事(1)
– 조선 중기사회의 문제점 진단診斷

다하여 막히면 변화를 추구하라,
변화하면 소통하게 되고 소통하면 오래도록 지속한다.
(窮則變 變則通 通則久)[11]
–주역–

진실로 새롭고 나날이 새롭고 또 새롭게 하라.
(日荀日新, 日日新又日新)[12]
–대학–

개인, 사회, 조직, 국가를 막론하고 흥망성쇠의 과정을 겪게 된다. 위의 표에 제시된 것처럼, 주역에 "궁즉변 변즉통 통즉구窮則變 變則通 通則久"라는 구절이 있다. 이는 '다하여 막히면 변화하라 변화하면 통하게 되고 통하면 영구히 지속한다'는 뜻으로 기존의 법, 제도 등이 시간 경과와 주위 환경과 여건 변화에 따라 생명력이 다하여 실효성이 없어지면 적시적절하게 변화하고 개혁을 해야 지속 가능한 상태를 유지한다는 의미이다.

또한 대학에 "왈 순 일신 일일신 우 일신日 荀 日新 日日新 又 日新"이라는 구절이 있다. '진실로 새롭고 나날이 새롭고 또 새롭게 하라'는 의미로서 개인의 성장, 발전과 인격 완성, 조직이나 국가 사회의 지속적 성장, 발

---

11) 금장태,「선비의 가슴 속에 품은 하늘」(서울, 지식과 교양, 2012), p.72.
12) 이기동 역해,「대학, 중용 강설」(서울, 성균관대학교 출판부, 2009), p.39.

전을 위해 끊임없이 새로워져야 한다는 의미로 해석할 수 있다. 이는 자연계의 환경 변화에 따라 적합한 자만이 살아남는다는 적자생존適者生存 법칙[13]과 같은 맥락에서 오늘날에도 적용되는 귀중한 교훈이라고 볼 수 있다.

이와 같은 시대적 상황과 맥락에서 조선 중기의 대학자 이율곡 선생은 임진왜란 발생 전 조선 중기사회가 지니고 있던 사회적 병폐를 직시하고 이를 개혁하기 위해 우국충정의 심정으로 만언봉사萬言封事를 남겼다. 봉사란 밀봉된 문서로서, 당시 선비들이 임금에게 올리던 각종 건의사항이나 하고 싶은 말을 상소문이라는 문서로 작성하여 조정에 보냈던 것을 지칭한다.

만언봉사란 1574년 선조7년 1월초 선조 임금이 당시 어려운 시국을 타개하기 위해 신하들로부터 광범위한 의견수렴을 하기 위해 구언교지求言敎旨[14]를 내렸는데 당시 승정원 우부승지 벼슬에 있던 이율곡 선생이 11,600여 자에 이르는 장문의 상소를 올렸다. 이를 만언봉사라 한다. 조선 중기 세상 사람들은 이율곡 선생을 각종 과거시험에 연달아 9번 장원 급제한 구도 장원공九度壯元公[15]이라고 칭송하였다. 그는 당대의 진정한 선비요 뛰어난 지성인으로서, 개혁론자로서, 당시 조선 사회가 처한 현실이 시급한 개혁이 필요함을 직시하고, 사회적 병폐를 조목조목 제시하

---

13) 자연계의 모든 종은 환경변화에 따라 지속적으로 변화 대응하여 변화된 환경에 적합성을 가진 자만이 살아남는다는 법칙.

14) 임금이 신하들의 의견을 듣기 위해 내린 지시문.

15) 현대적으로는 사법고시, 행정고시 등 국가시험이란 시험은 모두 수석 합격한 사람이라는 의미.

고 국가의 기강 확립과 민생 안정, 국방태세 강화를 위한 전반적 국정개혁 방안을 작성하여 선조 임금에게 올리게 되었다.

조선시대 수많은 상소문이 있었지만, 만언봉사와 같이 사회 전반에 대한 문제점을 광범위하게 진단하고 종합적인 처방을 제시한 예는 찾아보기 힘들다. 이후 만언봉사는 신하의 충심을 담아 임금에게 올리는 직언 상소문을 대표하는 문서로 알려지고 후세에 전해지고 있다. 아래 내용은 율곡 선생이 조선 중기사회를 진단診斷한 분야별 7대 문제점이다.

실공實功이 없는 조선 사회, 7대 문제점
1. 임금과 신하가 서로 믿지 못한다.
2. 신하가 직무에 소홀하다.
3. 경연을 소홀히 한다.
4. 어진 인재를 찾아 쓰지 않는다.
5. 재난에 대비하지 않는다.
6. 어려운 백성을 구제하려는 대책이 없다.
7. 퇴폐한 풍속을 고치려 하지 않는다.

원문
作事有誠 不務空言之謂也 而所可憂者有七
上下無交孚之實 一可憂也,
臣隣無任事之實 二可憂也,
經筵無成就之實 三可憂也
招賢無收用之實 四可憂也,
遇災無應天之實 五可憂也,
群策無救民之實 六可憂也
人心無向善之實 七可憂也[16]

그는 상소문에서 당시의 조선 사회를 한마디로 실공實功이 없는 사회로 진단했다. 실공이란 매사를 정성 드려 처리하고 헛된 일에 힘쓰지 않는 것을 의미하는데, 오로지 사적인 이익만 추구하면서 매사에 알맹이는 없고 형식적이며, 말만 무성하고 실천은 부실不實한 것을 조선 사회가 지닌 근본적 병폐로 보고 7가지의 분야별 문제점을 제시하였다.

그는 만언봉사에 다음과 같이 우국충정의 심정을 표현하고 있다. "나라와 백성 사이에 서로 믿음이 없는 것이 첫 번째 근심거리요, 신하들이 자신이 하는 일에 대하여 책임지지 않는 것이 둘째 근심이요, 경연을 통하여 임금의 덕을 성취하는 실상이 없는 것이 셋째 근심이요, 현명한 인재를 들여 쓰는 것이 없는 것이 넷째 근심이요, 재난을 당해도 하느님의 뜻에 응하는 것이 없는 것이 다섯째 근심이요, 여러 가지 정책을 추진함에 있어 백성을 진정으로 구하는 것이 없는 것이 여섯째 근심이요, 사람

---

16) 율곡 이이 글, 강세구 엮음, 「만언봉사, 목숨을 건 직설의 미학」(경기도 광명 :꿈이 있는 세상, 2007), p.179.

들의 마음이 선善으로 향하지 않는 것이 일곱째 근심입니다. 이 일곱 가지 근심이 지금 세대의 고질적 병폐가 되었는데, 기강이 무너지고 민생의 시달림이 모두가 이것으로부터 초래된 것입니다. 지금 이를 시정치 않으면 더 큰 화를 초래하게 될 것입니다."[17]

오늘의 현실에 비추어 이를 해석해 보면, 국민들이 정부를 신뢰하지 않고, 사회적 불신풍조가 만연하고, 공직자들의 무사안일과 무책임이 심화되고, 국무회의나 국회 대정부 질문, 기타 각종 정책토론회 과정에서 실제 민생과는 별 관계가 없는 당리당략 중심의 정쟁으로 일관하고, 공직 인선 과정에 학연, 지연, 혈연 등 사적 친소관계가 배제된 "입현무방 유재시용入賢無方 唯才是用"[18]의 원칙을 무시하고, 정권 획득 과정에 기여한 논공행상과 친소관계를 우선하여 인사가 이루어지고, 뜻있는 사람이 바른말을 하거나 건의를 해도 채택되지 않고, 각종 대형 사고와 재난이 반복되어도 근본적 재발 방지책을 마련하기보다 임시방편으로 모면하고 땜질처방에 그치고 반성하지 않고 안전 불감증이 팽배하며, 정부의 정책이 민생 위주의 실효성 있는 중장기적 개혁정책보다는, 당리당략에 따른 단기적 이익 추구와 인기 영합 정책을 우선하고, 국민들은 명분과 도덕과 윤리, 법과 원칙을 지키면 오히려 손해라고 생각해 눈앞의 이익과 결과를 중시하며, 편법과 비리에 무감각하고, 이기주의와 쾌락 추구 현상이 심한 것으로 비유할 수 있다.

---

17) 앞의 책, p.51.

18) 현명하고 유능한 인재를 영입함에 있어 제한을 두지 않고, 오로지 능력과 실력을 기준으로 채용한다는 의미.

이와 같은 조선 사회를 이율곡 선생은 중병을 앓고 있는 환자로 비유했다. 아래 내용은 율곡 선생이 만언봉사 후반부에 언급한 내용이다.

중병을 앓고 있는 환자와 같은 조선 사회,
즉시 치료하지 않으면 10년 이내에 환란에 직면
현재 조선 사회의 모습은 젊은 시절 술과 여색에 빠진 사람이 건강이 나빠졌는데, 젊은 시절에는 혈기가 있어 그럭저럭 건강을 지탱하다가 만년에 이르러 몸속에 쌓인 독소가 폭발하면서 온갖 질병이 찾아와 근신하고 건강 관리를 해도 이미 원기가 다하여 건강을 유지할 수 없는 것과 같습니다. 상기 개혁과제가 즉시 시행되어 개선되지 않으면 10년이 되기 전에 반드시 환란이 일어날 것입니다. 또한 제가 올린 개선안을 시행하여 3년 이내에 가시적 성과가 나타나지 않으면 임금을 기망한 죄로 다스려 이후 요사스러운 말을 아무렇게나 하는 신하들을 경계하는 본보기로 삼으시기 바랍니다. 신의 상소가 내용이 너무 과격하고 무례한 것 같아 송구하옵니다.

원문
譬如有人少壯之時 縱酒荒色 害多端 而血氣方强 未見所傷 及其晩年 害之毒 乘衰暴發 雖勤愼調保 元氣已敗 不可支持, 今日之事 實同於此 不出十年 禍亂 必興 如是者三年 而國不振 民不寧 兵不精 則請治臣以欺罔之罪 以爲妖言者之 戒 臣無任激切營之至[19]

특히, 그는 만언봉사 후반부 마지막 부분에 당시 조선 사회의 모습을 중병을 앓고 있는 환자가 기초체력과 면역력이 너무 약해 부분적 치료와 조심스럽게 건강관리를 해도 건강을 지킬 수 없는 심각한 상태에 처한 것에 비유하고, 획기적인 치료와 종합적 건강증진대책이 필요하다고 보

---

19) 앞의 책, p.199

았다.

그리고 상기 개혁과제가 즉시 시행되어 개선되지 않으면 10년이 되기 전에 반드시 환란이 발생하여 조선 사회가 큰 어려움에 봉착할 것으로 예언하였다. 또한 자신의 개혁과제를 채택해서 시행한 지 3년 이내에 가시적 성과가 나타나지 않으면 임금을 기망한 죄로 다스려 요사스러운 말을 아무렇게나 하는 신하들을 경계하는 본보기로 삼으라고 하였다.

자신의 모든 것을 걸고 목숨까지 내놓고 우국충정의 절절한 심정으로 작성한 글임을 알 수 있게 해주는 내용이다. 이와 같은 종합적 진단을 바탕으로 율곡 선생은 다음과 같이 문제점을 시정하고 개혁하기 위한 과제를 도출하여 선조임금에게 건의하였다.

3. 이율곡 선생의 만언봉사萬言封事(2)
– 조선 중기사회의 병폐를 시정하기 위한 처방處方

아래 내용은 소위 '수기안민지요修己安民之要'[20]라고 원문에 제시된 개혁 과제의 핵심 내용이다.

수기修己 4대 과제
1. 임금 스스로 시대적 사명감을 분발시켜 태평성대를 이루겠다는 목표 설정
2. 성현의 학문과 경전을 배우기에 힘써 스스로 역량 증진과 인격 완성
3. 공평무사한 처신과 넓은 도량을 갖춰 군주로서 포용력 구비
4. 어질고 유능한 선비 발탁 및 활용으로 국정 효율성 제고

원문
修己爲綱者 其目有四
一曰 奮聖志期回三代之盛,
二曰 勉聖學克盡誠正之功,
三曰 去偏私以恢至公之量,
四曰 親賢士以資啓沃之益

안민安民 5대 과제
1. 정성되고 열린 마음으로 모든 신하들의 마음을 얻고 소통하며, 진정한 국정 참여 촉진
2. 공안제도를 개선하여 가혹한 징수의 부담과 피해 방지

---

20) 스스로를 수양하여 인격과 실력을 구비한 다음 백성을 편안하게 하는 방책이라는 의미.

3. 절약과 검소한 기풍을 진작시켜 사치하는 풍속 개혁
4. 선상제도를 개선하여 공공기관에 소속된 천민 계층의 고통 구제
5. 군사정책을 개혁하여 내·외적 국방태세 강화

원문

安民爲綱者 其目有五,
一曰 開誠心以得群下之情,
二曰 改貢案以除暴斂之害,
三曰 崇節儉以革奢侈之風,
四曰 變選上以救公賤之苦,
五曰 改軍政以固內外之防[21)]

이는 율곡 선생이 유학의 근본이념인 '수기이안민修己而安民'[22)]을 배경으로 한 처방이다. 우선 선조임금 스스로 성실하게 노력하여 군주로서의 인격과 역량을 충분히 갖추어야 한다. 시대적 상황과 개혁의 필요성 및 구체적 과제에 대하여 투철한 사명감을 견지하여, 마음을 열고 공평무사하게 처신하여 신하들의 마음을 얻고 소통함으로써 신하들이 진정으로 국정에 참여하여 적극적으로 일을 하도록 힘쓴다. 사회적 약자와 특정 계층에 편중되고 왜곡된 조세 및 병역과 관련된 과중한 부담 등을 해소하여 사회적 균형과 조화를 회복하고, 사치풍조를 비롯한 건전하지 못

---

21) 앞의 책, p.186-187.
22) 유학의 근본 이념은 수기치인(修己治人), 즉 스스로 수양하고 다른 사람 또는 백성을 다스린다. 또는 수기이안민(修己而安民), 스스로 수양한 후 백성을 편안하게 한다는 것을 근본으로 한다. 4서의 하나인 대학에 8조목(격물, 치지, 성의, 정심, 수신, 제가, 치국, 평천하)으로 세부적으로 제시되어 있다.

한 사회적 풍토를 개선하여 근검절약과 건전성을 구비한 사회를 건설한다. 군사 정책을 개선하여 각종 사회적 부조리 및 비리와 연계하여 약화된 내·외적 방위태세를 더욱 공고히 해야 하며, 이를 위해서는 임금과 신하가 한마음으로 이를 극복해야 한다는 것으로 요약할 수 있다.

현대적 의미로는, 국가 사회가 정치, 경제, 사회. 국방 등 전 분야에 걸쳐 마치 중병을 앓고 있는 것과 같은 심각한 상태이니, 국정 최고 책임자가 정신을 차리고. 스스로 노력하고 공부하여 인격과 능력을 구비하여, 시대적 사명감을 가지고 해야 할 과제를 선별하여, 사심 없이 공평하게 각각 해당 분야의 가장 유능한 사람을 책임자로 임명하고, 열린 마음 겸손한 마음으로 공직자들 및 국민들과 적극적으로 소통하면서 대대적인 개혁과 혁신을 해야 한다. 특히, 세금제도를 비롯한 각종 공적부담제도를 고쳐 사회적 약자와 서민들의 짐을 덜어주고, 사치와 과소비 풍조를 일소하여 근검절약하는 건전한 사회풍토를 확립하고, 국방태세 확립을 위해 노력해야 한다는 것이다.

4. 이율곡 선생의 만언봉사萬言封事(3)
– 만언봉사 이후 조선 사회

   이율곡 선생이 당대 뛰어난 지성인으로서, 관료로서의 행정 경험과 학자로서의 경륜을 바탕으로 냉철한 현실 인식과 진단을 통해 사회 전반의 문제점을 개혁하여 미래에 대비하는 올바른 처방을 제시하였으나, 조선 조정은 이를 제대로 인식하지 못하고 개혁의 적기를 상실하였다.

   이율곡 선생이 만언봉사를 남기고 49세를 일기로 1584년에 사망한 후 8년이 경과한 1592년에, 즉 그의 예상대로 10년이 채 안 된 시기에 임진왜란이 발발하여 조선왕조는 1392년 왕조 수립 후 200년 이래 최대의 위기에 직면하게 된다. 실제로 위기를 당하자 이율곡 선생의 혜안과 만언봉사의 소중함을 절감하였지만 이미 때는 늦었다.

   2015년 광복 70년을 기념하여 공영방송에서는 임진왜란 당시에 영의정을 역임한 류성룡 선생이 남긴 「징비록懲毖錄」[23]을 배경으로 당시 모습을 재현하기 위한 대하드라마를 제작, 방영하였다. 임금이 궁궐을 떠나 피난을 가는 모습, 백성들이 화가 나서 불을 지르는 광경, 백성들이 왜병들에게 도륙을 당하고 짓밟히는 모습, 그리고 전쟁 중에도 당파 이익에 골몰하는 무능력한 조선 조정의 모습을 재현해서 방영하였다. 당시 조선 사회는 드라마에서 보여준 모습보다 실제는 더욱 참혹했을 것으로 짐작

---

23) 임진왜란 7년의 일을 기록한 책. 잘못하여 불행을 당한 일을 반성하고 후세에 교훈을 주기 위한 기록이란 뜻.

된다.

조선 중기사회는 국가 사회적 병을 정확하게 진단하고 올바른 처방전을 제시한 뛰어난 의사는 있었으나, 처방전을 성실하게 집행해야 하는 임금을 중심으로 한 양반 관료 지도층의 무능과 안일한 자세가 병을 키우고 악화시킨 결과를 초래한 사례로 볼 수 있다. 중기 노쇠현상에 대해 과감한 구조개혁을 통해 극복할 기회를 상실한 조선 사회는 임진왜란과 병자호란 등 남쪽과 북쪽으로부터 외적의 침략을 당하면서 더욱 피폐해지고 약화되어갔다.

이후 영조대왕(1724-1776)과 정조대왕(1776-1800) 시대 탕평책[24]을 도입하는 등 부분적으로 개혁 노력이 있었으나, 근본적 패러다임 전환[25]에는 미치지 못하고 경직된 신분사회, 전제군주체제의 명맥을 이어가다가 1910년 임진왜란보다 더 치욕적인 일본 제국주의에 의한 강제 병합을 당하고 국권을 상실하게 되는 비극적인 운명을 맞게 된다.

그 후 36년간 지속된 일제 강점기의 부정적 유산은 21세기를 살아가고 있는 현대 한국 사회에도 지속적으로 영향을 미치고 있다.

---

24) 탕평책(蕩平策)이란 인재를 골고루 등용한다는 의미. 당시 남인, 북인, 노론, 소론 등 이른바 4색 당쟁으로 분열되어 집권과 정치적 주도권, 관직쟁탈 다툼이 점점 심해지자, 영조는 4개 당파에서 골고루 인재를 등용하여 인위적 균형을 이루는 정책을 도입한다. 이는 정조까지 계승되어 일시적 안정을 이루게 된다.

25) Paradigm Shift : 기존의 사고방식이나 제도, 구조, 틀을 근본적으로 바꾸는 것을 말함.

5. 이율곡 선생의 만언봉사萬言封事(4)
– 역사적 교훈과 시사점

조선 사회의 흥망성쇠 과정에서 배워야 할 역사적 교훈은 다음 네 가지로 요약할 수 있다.

첫째, 내부지향적 안정국면이 장기간 지속되면 외부환경 변화에 둔감하고 무사안일, 타성에 젖게 되어 마치 웅덩이에 오래 고인 물이 썩는 것과 같은 현상이 나타난다.

둘째, 국가 사회 지도계층의 역할과 책임이 무엇보다도 중요하고, 지도계층의 타락은 사회에 더 많은 부정적 영향을 끼친다.

셋째, 사회는 시간이 경과함에 따라 변화하기 마련이고 변화에 적합한 개혁이 필요한데, 개혁의 적기를 상실하면 반드시 위기가 찾아오고 스스로 개혁을 하지 않으면 외부로부터 강요에 의한 구조조정을 당할 수밖에 없다.

마지막으로, 위기가 발생하고 외부로부터 강요에 의한 구조 조정 시, 그 피해는 대부분 사회적 약자와 후손들에게 돌아간다.

노자 「도덕경」에 "병을 병으로 올바로 인식하고 있으면 병이 아니다.(夫唯病病是以不病)"[26]라는 가르침이 있다. 사회를 구성하고 있는 모든 사람들, 지도자와 지도계층이 사회가 직면하고 있는 문제점을 올바르게 인식하고 이를 시정하기 위해 노력하면 문제가 더 심각한 방향으로 진행

---

26) 금장태, 「선비의 가슴속에 품은 하늘」(서울, 지식과 교양, 2012), p.78.

되지 않는다는 뜻이다.

또한 후한 시대 왕부의 저서 「잠부론潛夫論」에 "가장 훌륭한 의사는 나라의 병을 치료하고 그 다음의 의사는 사람의 질병을 치료한다. 사람이 나라를 다스리는 것은 몸을 다스리는 형상과 같다.(上醫醫國, 其次下醫醫疾, 夫人治國, 固治身之象)"[27]고 했다.

사람이 건강 관리를 지속적으로 잘 해야 질병에 걸리지 않고 살아가듯이, 국가도 병이 생기지 않도록 지속적으로 관리가 되어야 한다. 이를 위해서는 공동체 내에 내재된 문제점을 올바로 진단하고 국가 사회에 병폐가 발생하지 않고 누적되기 전에 치료하는 능력을 구비한 지도자가 많아야 한다. 또한, 사회 구성원 모두가 깨어있는 상태로 문제점을 직시하고 이를 개선하기 위해 노력해야 건강을 유지하고 지속적으로 성장한다. 안정된 현실이 제공하는 익숙함과 편안함 뒤에는, 미래에 위기로 나타날 씨앗도 함께 싹트고 자라고 있다는 사실을 명심해야 한다. 적당하게 따뜻한 유리 그릇 속의 개구리가 물속 온도가 점점 상승하고 있다는 상황을 인식하지 못한 채, 계속 물속의 따뜻함만 즐기다가 탈출할 기회를 상실하고, 나중에는 화상을 입고 죽게 되는 어리석음을 범하면 안 된다.

이와 같은 맥락에서, 고려 태조 왕건은 훈요십조 마지막에 "나라를 다스리고 집을 가진 이는 항상 근심이 없을 때에 경계를 하여야 한다. 경서와 사서를 참조하고 옛 일을 거울삼아 오늘의 일을 경계해야 한다."[28]라는 교훈을 남겼다.

---

27) 앞의 책, p.77.
28) 소이원, 「21세기 화랑도」(서울, 에세이퍼블리싱, 2010), p.171.

이는 현대 사회에도 변함없이 적용되는 교훈이며, 한국의 현실에 비추어 시사하는 바가 크다.

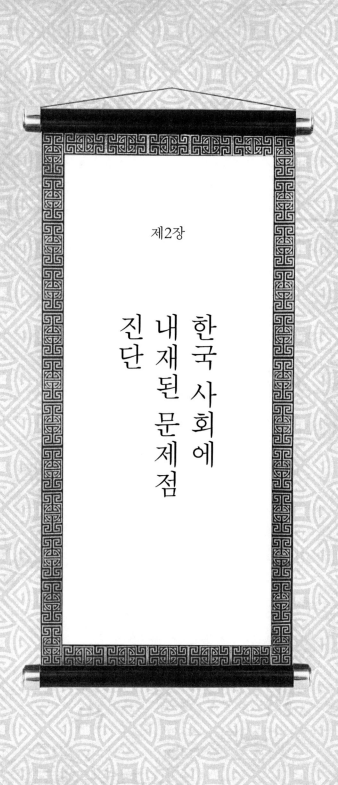

제2장

한국 사회에
내재된 문제점
진단

1. 한국 사회의 태동과 성장

한국 사회는 일제강점기를 거치면서 온갖 수탈과 억압을 당하면서 삶은 더욱 피폐해지고 악화일로를 걷다가 일본이 2차 세계대전에서 패함으로써 1945년 8월 15일 강점 상태에서 해방되고, 1948년 대한민국 정부가 수립되어 전통적 전제 군주체제에서 민주공화체제로 새롭게 출발하게 되었다. 그러나 1945년 해방이 되면서 남북이 분단되고, 이어서 1950년 동족 간 발생한 한국전쟁은 민족적 역량과 에너지를 대부분 소진시키고 휴전 상태로 마무리되었다.

그 후 계속된 냉전구조 속에서도, 미국을 중심으로 한 우방국가의 도움으로 북한의 위협에 대비하면서 경제성장에 매진해왔다. 아래 표에 제시된 내용은 해방 후 70년 동안 한국 사회의 시대상을 대표하는 키워드이다.

1945년 해방 후 70년 한국 사회의 시대상을 대표하는 키워드
남북분단, 6 · 25전쟁, 정전협정, 주한미군, 반공, 냉전, 빈곤, 보릿고개, 경제성장, 산업화, 민주화, 정보화, 북한 핵 및 미사일, OECD, 세계화

한국은 분단과 냉전이라는 이중의 굴레 속에서도 서구 선진국들이 200년이 넘는 동안 온갖 노력을 기울여 성취한 산업화, 민주화, 정보화를 지난 60년 동안 압축하여 단기간에 달성하는 놀라운 저력을 보였다.

이른바 '한강의 기적'[1]이라고 칭송되는 남다른 성과와 성취를 이룬 것이다. 그러나 사실은 기적이 아니라 5000년의 유구한 역사를 기반으로 하는 한민족이 그간 축적해온 문화 창조력과 수용력을 발휘하여 "우리도 한번 잘 살아보자"[2]는 기치 아래 일사불란하게 노력을 통합하고 집중한 결과였다.

부존자원과 경제개발에 소요되는 자금이 절대적으로 부족한 한국이 기적과 같은 성장을 할 수 있었던 것은 여러 요소를 들 수 있지만, 중요한 요소를 열거하면 다음과 같다. 먼저, 빈곤과 가난을 극복하겠다는 지도자의 의지와 리더십, 고등교육을 이수한 고급인력과 엘리트의 역할이 컸다. 특히, 무에서 유를 창조하는 자세로 역사적 시대적 사명감을 갖고 국가 사회발전을 계획하고 선도한 지도자와 공직자들의 공이 크다. 다음은 양질의 저임금 노동자, 성실하고 근면한 국민들의 헌신적 노력을 들 수 있다. 독일에 파견되어 온갖 고생을 다하며 외화를 벌어서 경제개발 자금을 마련한 파독 간호사와 광부, 베트남 전쟁에 파견되어 생명의 대가를 치르면서 획득한 달러를 경제개발자금에 보탠 파월장병, 저임금과 열악한 근무환경에도 불평 없이 성실하게 수출 제품 생산에 몰두한 공단의 근로자, 열사의 땅 중동에 진출하여 사막을 일터로 건설현장을 누빈 해외파견 근로자, 이들 모두가 주인공이고 주역이었다.

현재는 그동안 어렵게 이룩한 경제발전과 정치 민주화를 바탕으로 정

---

1) 대한민국 수도 서울을 관통하여 흐르는 한강을 중심으로 나타난 기적과 같은 경제성장과 발전상을 지칭하는 말.

2) 경제개발을 계획하고, 산업화를 추구하던 시기 국가 사회적으로 광범위하게 확산된 구호.

보화 시대를 선도하며, 1996년에는 경제협력개발기구(OECD)[3]에도 가입하여 세계 유수의 잘 사는 나라들과 어깨를 나란히 하면서, 분단된 남과 북을 하나로 통일하려는 노력을 계속하면서 선진국 진입을 위해 매진하고 있다.

2015년 광복 70주년에 경제지표로 바라본 한국 사회는 국내총생산(GDP) 3만 1000배 증가, 1인당 국민총소득(GNI) 420배 증가, 수출액 세계 7위, 경제규모 세계 13위를 자랑하는 국가가 됐다.[4] 실로 눈부신 성장과 발전을 이루었다.

그러나 분단은 지속되고 있고, 북한의 군사적 위협, 특히, 핵과 미사일 위협은 점점 가중되고 있다. 요약하면 한국 현대사 70년은 상처, 성과, 문제점이 함께한 격동의 세월이었다. 이에 대한 세부 내용은 다음 장에서 논의한다.

---

[3] OECD : Organization for Economic Cooperation and Development, 인권존중, 다원적 민주주의, 개방된 시장경제체제를 지향하는 국가들의 모임. 현재 34개국이 가입되어 있고 한국은 1996년도에 29번째 회원국으로 가입함.

[4] 중앙일보, 2015.8.17(월), p.30.

2. 한국 현대사 70년 결산

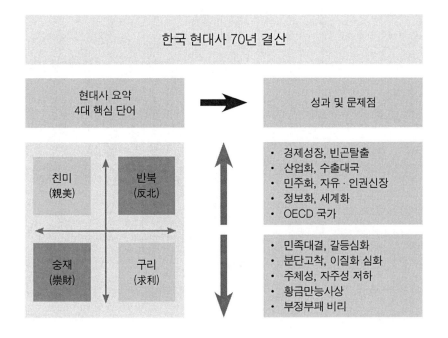

상기 표는 다사다난했던 한국 현대사 70년을 결산해보고 요약한 내용이다. 앞에서 개략적으로 언급한 70년 동안의 한국 사회의 역사 진행 과정을 4개 핵심단어로 표현하면, 위 그림에서 보는 것처럼, 친미親美,[5] 반

---

5) 2차 대전 후 세계 초강대국으로 부상한 미국과 동맹관계를 맺고 특별한 우호협력관계를 유지해온 것을 지칭함.

북反北,[6] 숭재崇財,[7] 구리求利[8]라고 할 수 있다. 즉 한미동맹으로 북한의 위협에 대응하면서, 물질을 숭상하고 경제성장에 노력하여 이익의 극대화를 추구한 70년 역사로 볼 수 있다.

지난 70년 역사를 회고해보면, 한국 사회는 분단, 전쟁, 냉전이라는 민족적 시련과 시대적 어려움에 봉착해서도 5000년의 유구한 역사와 문화민족으로서의 저력을 기반으로 경제성장과 빈곤탈출, 산업화에 성공하여 수출대국으로 우뚝 섰다. 그리고 민주주의를 지속적으로 성숙시켜 구성원들의 자유와 인권이 신장되고 자유민주주의체제를 정착시켜나가고 있다. 최근에는 정보통신 기술의 발달을 선도하면서 세계화를 추진하여 이른바 잘사는 나라들의 모임인 경제협력개발기구(OECD)에도 당당하게 가입하여 국가적 위상을 제고했다.

그러나 민족 공동체는 분단된 상태로 분열과 갈등, 대결을 계속하고 이질화가 심화하고 있으며, 분단 상황 극복을 민족 스스로의 힘으로 해결하지 못하고, 외세에 의존하는 한계를 노출하면서 주체성과 자주성이 훼손되고 있다.

또한 황금만능사상이 확산되고 부정부패와 비리가 만연하는 병리현상도 나타나고 있다. 이는 맥주도 빨리 따르게 되면 거품이 많이 발생하게 되고 음식도 빨리 먹으면 체할 수 있는 것과 같이, 한국 사회가 분단이라

---

6) 남침전쟁을 도발한 북한에 대하여 적개심을 갖고, 정전 후에도 지속된 대남 공산화 통일 전략에 반대하고 대응하는 반공, 반북한 정책을 의미.

7) 가난과 빈곤탈출을 위해 경제적, 물질적 가치를 숭상하고 경제성장에 우선을 둔 국가의 정책 기조를 지칭함.

8) 물질적 가치 숭상과 연계된 이익의 극대화 풍토를 지칭함.

는 굴레를 쓰고 단기간에 성장, 발전하면서 파생된 역사적 노폐물이 누적된 구조적 문제점이라고 볼 수 있다.

한국 사회가 직면하고 있는 문제점의 발생 원인을 요약하면 다음과 같다.

첫째, 역사적 맥락에서 볼 때 1000년 이상의 단일 공동체를 유지한 한 민족 사회가 외부적 요인에 의해 각각 상이한 체제로 남북으로 분단되어 대결과 갈등을 하게 되었다.

둘째, 민족 공동체가 스스로의 힘으로 분단 상태를 종식시키고 원상회복을 하지 못한 채로 외세에 의존하면서 남쪽은 경제문제 해결에 모든 역량을 집중하고 북쪽은 군사 우선 정책에 집중하면서, 불균형과 소모적 경쟁이 심화했다.

셋째, 남한이 전통적 농업경제 중심의 전제 군주체제에서 새로운 상 · 공업경제 중심의 민주공화체제로 전환되면서 초기에 많은 시행착오를 범하고[9] 해방 후 70년이라는 긴 세월이 경과했다.

한반도의 현재 상황을 비유해서 보면, 어느 집안에 형제가 조상들이 물려준 땅을 서로 반반씩 차지하고, 조상이 물려준 땅을 혼자 다 갖기 위해 서로 반목하면서, 형님은 동생의 해코지에 대항하고 도둑 지키는 일

---

9) 1948년 대한민국 정부 수립 후 1987년까지 총 9차의 헌법 개정이 있었다. 5년마다 헌법 개정이 이루어진 것이다. 헌법은 민주공화제하에서 법치의 근본이 되는 모법이다. 물론, 정치, 경제, 사회 환경변화에 따라 부분적으로 수정 보완될 수는 있지만, 삼권 분립의 권력구조, 대통령제, 내각책임제, 대통령 임기 등 통치구조의 근본문제는 자주 변경되어서는 안 되는 분야이다. 참고로 미국헌법은 1789년도에 제정 된 후 1969년까지 환경변화에 따라 적합성을 제고하기 위한 총 26회의 수정이 있었다. 그러나 권력구조의 근본은 변경되지 않고, 대통령 임기만 4년, 중임으로 제한하는 수정이 있었다.

을 외부의 힘 있고 강한 사람에게 의존하면서, 수단방법을 가리지 않고 돈만 열심히 벌어서 자신의 재산을 축적하여 동네의 잘사는 친구들과 어울려 즐기면서 지내고, 동생은 형님의 모든 것을 물리적 힘으로 빼앗기 위해 오로지 흉기 만들기에 집중하면서, 형님의 재산과 집을 지켜주고 있는 외부세력이 떠나기를 바라면서 온갖 행패를 부리고 있는 형국에 비유할 수 있다.

또한, 남한은 항생제를 장기간 복용하여 내성이 생기고, 면역력과 자연치유력이 약화되어 각종 질병에 취약한 상태이고, 북한은 면역력 강화와 외부 질병에 지나치게 민감하여 면역체계에 이상이 발생하여 자가면역결핍증에 걸린 상태에 비유할 수 있다.

이 모든 것을 요약하면, 한반도를 지탱하는 백두대간의 한가운데 척추가 부러지고, 허리 부분의 근육이 굳어지고, 혈관이 막히고, 세포가 퇴화되어 산소와 영양분이 몸 전체로 원활히 공급되고 순환하지 못함으로써 건강에 심각한 이상이 생긴 상태에 비유할 수 있다.

3. 한국 사회의 주요 병리현상 분석(1)
- 분단 및 냉전의 유산

한국 사회의 주요 병리현상을 앞서 언급한 '친미親美, 반북反北, 숭재崇財, 구리求利'와 연계하여, 분단 및 냉전의 유산이 낳은 병폐 3개, 경제성장 우선 정책으로 인한 폐해 6가지를 각각 아래 표의 내용과 같이 제시하고, 각 분야별로 세부적으로 논의하고자 한다.

분단 및 냉전의 유산: 친미親美, 반북反北 정책의 부작용
1. 주인의식(자존, 자주, 자립) 저하
2. 민족 내부 분열, 갈등, 이질화 심화
3. 사고의 유연성 및 포용력 저하

경제성장 우선 정책의 폐해: 숭재崇財, 구리求利 풍토의 부작용
1. 가치관 전도 및 황금만능사상 확산
2. 사회적 불균형과 불신풍조 만연
3. 이치보다 이익, 과정보다 결과 중시
4. 정치인 인기영합주의, 공직자 무사안일 행태 만연
5. 부정부패 및 비리 확산
6. 이기주의와 쾌락 추구의 풍토 확산

• 주인의식(자존, 자주, 자립) 저하

먼저, 분단 및 냉전으로 인해, 친미·반북 노선이 장기간 지속됨으로써 발생된 병폐 중 가장 심각한 것은 주인의식이 저하되고 약화되고 있다는 점이다.

한민족이 일제강점기로부터 해방되는 과정에서 1919년 3월 1일 독립만세운동을 전개한 이후 한민족 스스로 독립을 쟁취하기 위해 온갖 노력을 다했다. 그러나 국권이 상실된 가운데 피식민 상태에서 이루어지는 독립투쟁은 제한이 따르고 미국과 소련이 주도하는 연합국의 정치 군사적 역할에 미치지 못하는 한계가 있었다.

따라서 전후 처리 과정에 미국과 소련의 영향이 클 수밖에 없었다. 특히, 소련은 1904년 일본과의 러·일 전쟁[10] 패배의 교훈을 거울삼아 유라시아 대륙 동쪽과 남쪽으로부터의 국가안보상의 위협에 대비하여 쿠릴열도와 연해주, 한반도에 이르는 광범위한 지역을 가능하면 소련의 영토로 점령하거나 친 소련적인 지역, 아니면 적어도 중립지대로서 유지되기를 바랐다. 이와 같은 맥락에서 소련은 북해도 북부 4개 도서[11]를 점령하고 자국 영토로 편입시켰다. 그리고 일본군을 몰아내기 위해 한반도

---

10) 일본이 한반도에 대한 독점적 지배권을 추구하면서 러시아와 충돌하자, 1904년 2월 여순 항에 주둔 중이던 러시아 함대를 공격하면서 발발한 전쟁. 러시아는 전쟁에 패하고 1905년 9월 미국의 중재로 일본과 강화조약을 체결하고 한반도에 대한 일본의 지배권을 인정하게 된다.

11) 일본 홋카이도 북부에 위치한 4개 섬. 2차 대전 후 러시아가 점령하고 현재까지 실효지배하고 있으며, 일본이 반환을 요구하면서 러시아와 영토분쟁을 야기하고 있는 지역임.

로 군대를 진주시켜 군사행동을 시작했다.

이에 비해 미국은 태평양 일대에서 일본과 격전을 치르며 일본 본토 지역으로 접근 중이어서 한반도에 군대를 보낼 만큼 여유가 없었다. 미국은 한반도 전역이 소련 군대의 점령하에 들어가기 전에, 수도 서울을 포함하고 한반도를 대략 반으로 나누는 북위 38도선을 경계로 북쪽에서는 소련군이 일본군을 무장 해제하고, 남쪽에서는 미군이 일본군을 무장 해제한다는 명분으로 한반도를 분할 점령하는 안을 소련에 제시하고 이를 성사시켰다. 남북 분단이라는 정치·군사적 상황이 전개됨에 따라 분단 고착을 염려한 남북의 민족주의 성향의 지도자들이 한민족 단일 공동체 건설을 위해 노력했지만 여의치 못하고[12], 북위 38도선을 경계로 하여 남쪽은 미국, 북쪽은 소련의 영향력하에 분단되어 각각 상이한 정부가 수립되고 서로 대립하게 되었다.

분단 후 1948년 남쪽에 대한민국 정부 수립 후 제대로 안정이 되기 전인 1950년 6월에 북한의 김일성이 무력에 의한 한반도 통일을 시도하며 전면 남침 전쟁을 일으켰다.[13] 그러나 미국이 유엔안전보장이사회의 신속한 결의를 주도하여 국군과 미국을 중심으로 하는 유엔군의 반격과 성

---

12) 남한의 백범 김 구 선생, 북한의 고당 조만식 선생이 대표적 인물. 이들은 모두가 정부 수립에서 배제되고 불행한 종말을 맞이함.

13) 소련의 후원과 지원으로 탄생한 북한 김일성 정권은 남한에 비해 군사적으로 우위에 있었다. 미군은 일본군 무장해제와 일시적인 군정 임무가 종료되자 남한에서 철수하였다. 1950년 1월 미국 국무장관 애치슨이 남한은 미국의 동북아시아 방위선에서 제외된다는 취지의 발언을 공개적으로 하자, 1950년 6월 25일, 김일성은 소련을 설득하여 남조선 해방이라는 명분을 내세우고 전면 남침 전쟁을 시작하였다.

공적 작전으로 압록강까지 진출하는 성과를 이루었다.[14]

그러나 중공군이 '항미원조抗美援朝'[15]를 명분으로 북한군을 지원하며 전쟁에 개입했다. 중공군의 개입으로 전쟁은 남한과 유엔군, 북한과 중국군 사이의 국제전으로 확대되었다. 유엔군 사령관 맥아더 원수는 전쟁을 조기에 종식시키기 위해, 원자무기를 비롯한 가용한 모든 군사적 수단을 동원하기를 원하고 미국의 트루먼 대통령에게 건의했다. 그러나 확전을 우려한 미국 합참의 부정적 태도와 영국을 비롯한 동맹국들의 반대로 맥아더 사령관은 해임되고, 전쟁은 제한전쟁의 양상을 보이면서 교착상태에 빠지게 되었다. 전쟁이 양측 모두에게 막대한 손실만 가져오고 북위 38도선 일대에서 지루한 소모전만 지속되자 소련이 휴전을 제의하여 정전협정이 체결되고 휴전의 형태로 오늘에 이르고 있다.[16]

전쟁으로 인해 남북 간 불신과 갈등, 적대감은 더욱 깊어지고 정전체제 관리와 북한의 재침에 대비해, 1954년 체결된 한미상호방위조약에 근거

---

14) 한반도에서 남침 전쟁이 발발하자 유엔안보리가 개입해 38선 이북으로 군대를 철수할 것을 결의했다. 김일성 군대가 이를 거부하자 유엔군에 의한 군사 행동이 시작되었다. 미국을 비롯한 16개국에서 동참했다. 인천상륙작전의 성공으로 전세가 역전되어 1950년 10월 1일 국군이 38도선을 넘어 북쪽으로 군사행동을 개시하자 유엔군 사령부와 미국 전쟁지도부는 고민에 빠졌다. 38도선 북쪽 지역으로의 전쟁 확대가 당면 문제로 부상했다. 1950년 10월 7일 유엔총회 결의안을 통해 유엔군이 한반도 전역에서 필요한 모든 조치를 강구할 수 있다는 조치가 이루어진 다음, 10월 15일 트루먼 대통령과 맥아더 사령관이 태평양의 웨이크 섬에서 만나서 38도선 이북으로 확전 시 중국의 개입 여부 문제가 토의되었다. 맥아더는 중국의 개입은 없을 것으로 낙관적 견해를 피력했다. 그러나 맥아더 사령부의 판단과는 달리 중국이 개입하고 전쟁은 새로운 양상으로 전개되었다.
15) 미국에 대항하기 위해 조선을 지원한다는 의미.
16) 1953년 7월 27일 북한군과 중공군, 유엔군을 각각 당사자로 하는 정전협정이 체결되었다.

하여 미군이 한반도에 계속 주둔하면서[17] 남북한 간에 휴전의 상태가 60년이 넘도록 지속되고 있다. 동족 간에 휴전 상태를 유지하고 전쟁 재발 방지를 위해 한민족 역사상 유일하게 외국군대가 60년 이상 계속 이 땅에 머물고 있으며, 2차 대전 후 대내외적 요인에 의해 분단된 국가가 발생했으나, 세월이 흐르면서 대부분 통일되고 원상회복이 되었지만, 유독 한반도에만 지구상에서 유일하게 분단 상태가 지속되고 있는 것이다.

이는 생명체가 온전히 살아가기 위해서는 개체로서 스스로 면역체계를 구비하고 내·외부적 도전으로부터 스스로를 방어할 수 있어야 하는데, 면역체계가 부실하여 스스로 건강을 유지할 수 없어서 외부 항생제에 의존하여 겨우 건강을 유지하는 것과 다를 바 없다. 항생제를 오랫동안 사용하면 내성이 생기고 스스로의 면역체계와 자연치유력은 약화되어 항생제 의존 없이는 건강하게 살아갈 수 없는 불행한 상태에 도달한다.

진정한 독립 국가는 스스로 자존감과 자부심을 갖고, 스스로의 힘으로 공동체를 지키고, 스스로의 힘으로 구성원들을 부양할 수 있어야 한다. 이른바 민족자존民族自尊, 자주국방自主國防, 자립경제自立經濟를 달성해야 한다. 공자는 이를 "민신民信, 족병足兵, 족식足食"[18]이라고 했는데, 논어의 중요한 가르침으로 전해지고 있다. 불행하게도 한국 사회는 주인이 온전히 주인 노릇을 제대로 하지 못하고 외부의 힘에 의존하는 상황에

---

17) 미국이 정전 상태로 전쟁을 완전하게 종결하지 못한 채 한반도에서 철수하려는 움직임이 보이자, 당시 이승만 정부는 정전협정에 서명하지 않고, 미국과의 동맹을 추진하고 1954년 한미상호방위조약을 성사시키게 된다.

18) 이기동 역해, 「논어강설」(서울, 성균관대학교 출판부, 2009), p.404. 백성들의 신뢰, 튼튼한 국방, 풍족한 경제를 말함.

처해 있다. 더 걱정스러운 점은 이와 같은 상황이 60년 이상 지속되면서 점점 더 타성이 심해지고 있다는 것이다.

대한민국 수도 서울 한가운데에 주한 미군 사령부가 위치하고 미국 국기인 성조기가 게양되어 휘날리고 있고 이태원 일대에는 미국 군인들이 거리를 활보하고 있는 모습이 낯설지 않게 되었다. 오늘날 한국 사회에는 미국을 고마운 동맹국으로 생각하는 인식이 확산되어 있다. 1950년 6·25 한국전쟁 시에 적극 개입하여 대한민국의 안보를 지켜주고 한미 상호방위조약을 체결하여 휴전 상태를 안정적으로 관리하는 데 주도적인 역할을 하고 있기 때문이다.

그러나 과거 역사를 돌아보면 미국이 1882년 당시 조선과 조미수호통상조약을 체결하고 미국과 한국 사이에 외교 관계가 수립된 후 항상 한국에 우호적인 것은 아니었다. 일본은 1894년 청일전쟁에서 승리한 후 한반도에서 중국이 누려왔던 종주국의 지위를 박탈했다. 명분은 조선의 자주독립국을 보장한다는 것이었지만, 속내는 중국이 더 이상 조선을 속국으로 여기지 말고 한반도 문제에서 손을 떼라는 것이었다. 중국이 물러나자 러시아가 일본의 속내를 알아채고 일본을 견제하고 한반도 문제에 간섭하기 시작했다. 일본은 1904년 러·일전쟁을 통해 러시아를 물리치고 한반도에 대한 일본의 독점적 지위 확보를 위한 장애 요인을 대부분 제거했다. 그러나 당시 열강이던 미국과 영국의 눈치를 보지 않을 수 없었다.

당시 주한 미국 공사 알렌은 일본의 야욕을 간파하고 미국이 적극적으로 한반도 문제에 관여하여 일본을 견제할 것을 본국 정부에 요구했다. 그러나 일본은 집요하게 대미 비밀 교섭을 진행하여 1905년 7월 이른바 미국과 일본 간 '태프트-가쓰라 비밀조약Taft-Katsura Agreement'[19]을 체결하게 된다.

　미국은 한반도가 러시아의 지배를 받기보다는 일본이 한반도를 지배하는 것이 미국의 이익에 부합하다고 판단하고, 일본의 한반도 지배를 묵인하고 대신 일본은 미국이 필리핀을 지배하는 것에 동의한다는 것이 이 조약의 핵심 내용이다. 이후 일본은 1905년 8월 영국과 동맹조약을 수정하여 한반도 지배에 대한 동의를 얻어 모든 장애요인을 제거한 다음 1905년 11월에 을사조약을 체결하여 조선의 외교권을 박탈하고 본격적으로 한반도 지배를 추진하게 된다.[20] 그 후 미국과 일본은 1908년 11월에 '루트-다카히라 협정Root-Takahira Agreement[21]을 추가로 체결하여 일본이 미국의 태평양에 대한 안전과 이익을 보장하는 대신 미국은 일본의 한반도 병합과 만주에 대한 지배권도 인정하게 된다.[22]

　일본은 한반도 주변 열강과의 각축 과정에서 중국과 러시아에 대해서는 전쟁을 통해 승리하고, 미국과 영국에 대해서는 외교적 거래를 통해 자신의 뜻을 관철시켜, 조선은 1910년 8월 29일 일본에 강제 병합되어

---

19) 1905년 7월 미국 국무장관 태프트, 일본외상 가쓰라 사이에 비밀리에 체결된 조약. 미국은 청일전쟁, 러일전쟁승리를 통해 아시아의 새로운 강국으로 부상한 일본을 인정하고, 일본이 미국의 필리핀에 대한 지배권을 인정하면서 일본의 한반도에 대한 지배권을 묵인하게 된다.

20) 이기백, 「한국사 신론」(서울, 일 조각, 1984), p.363-369.

21) 미국 국무장관 루트와 주미 일본대사 다카히라 사이에 체결된 조약. 미국은 일본이 한국을 병합하고 만주로 진출하려는 것을 인정하고, 일본은 미국이 태평양과 필리핀에 대해 지니고 있는 국가이익의 현상유지를 보장한다는 내용.

22) NORTON & 6, A PEOPLE & NATION, a history of the united states, BOSTON : Houghton Mifflin Company, 1988, p.384.

일제 강점기가 시작되었다. 이는 미국이 당시의 조선과도 외교관계가 수립된 상태에서, 국가 이익의 경중에 따라 조선을 버리고 일본을 택한 것으로 볼 수 있다.[23] 국가 이익에 기반한 열강들의 외교 행태를 적나라하게 보여주는 불과 100년 전의 역사적 사실이다.

세상의 이치는 스스로 존재감과 정체성이 있고, 다른 사람과 다른 고유성, 독창성이 있어야 인정을 받고 무시를 당하지 않는다. 특히, 국가와 국가 간의 관계는 국가이익에 따라 수시로 변하고 영원한 동맹국은 없다. 스스로 대비하고 강해지려는 노력 없이 강대국에게 의존하면 그 만큼 대가를 지불해야 하고 희생이 따른다. 확실하게 믿을 수 있고 의지 할 수 있는 것은 자기 자신의 능력과 역량뿐이다.

특히, 한반도가 처한 지정학적 위치는 자주독립, 자주국방, 자립경제 달성을 위해서 다른 나라에 비해 더 많이 노력해야 하는 특징이 있다. 한반도 주변의 나라들이 인구, 국토 면적 등 제반 여건이 기본적으로 규모가 크고 한반도에 비해 강하기 때문이다. 이러한 연유로 고대로부터 민족적 자존감과 정체성을 잃지 않고 자주독립을 유지하기 위해 선조들이 경계해왔다.

고려 태조 왕건이 후손에게 남긴 훈요십조訓要十條[24]에 다음과 같은 내

---

23) 미국의 동의하에 한반도 지배에 성공한 일본은 만주사변을 일으켜 만주를 점령하고, 중일전쟁을 일으켜 중국 본토 점령을 시도하고, 대동아공영권을 주장하며 인도차이나 반도까지 넘보게 된다. 일본의 팽창야욕이 점점 지나쳐 필리핀을 지배한 미국의 국가 이익과 충돌하자 일본은 미국과도 태평양 전쟁을 하게 된다. 일본의 팽창을 초기에 저지하지 못한 미국의 오판이 결과적으로 일본의 야욕을 키우게 하고 전쟁까지 하게 된 결과를 낳았다.

24) 왕건이 후세 왕들에게 남긴 국가 통치와 관련된 10가지 준수 사항.

용이 전하고 있다. "우리 동방은 예로부터 당나라의 풍속을 본받아 문물과 예악이 모두 당나라 제도를 준수해왔으나, 나라가 다르니 사람도 다르다. 따라서 구차하게 반드시 동일하게 하려고 하지 말라. 특히, 거란은 짐승의 나라이므로 풍속도 같지 않고 언어도 다르니 그들의 의관제도를 본받지 말라."[25]고 훈요십조 제4조에 명시하고 있다.

이러한 주체의식이 1392년 조선왕조가 건국되고 명나라를 상국으로 섬기는 사대교린事大交隣의 외교안보노선이 굳어지면서 사대주의가 사회적 고정관념으로 확산되는 폐단이 발생하였다. 특히, 명나라가 1592년 임진왜란이 발발하자 '원조어왜援朝御倭'[26]를 명분으로 원군을 보내 조선을 구하자 이런 폐단은 더욱 심화되었다. 이른바 '재조지은再造之恩'[27]이라는 관념이 임진왜란 이후 조선 지도층을 중심으로 형성되었다. 명나라에 대한 감사와 의존 의식이 더욱 심해진 것이다. 이러한 지도층의 고정관념이 명나라가 쇠약해지고 북쪽의 여진족들이 강성해져서 청나라를 세우고 명나라를 멸망시킬 정도로 국제정세가 변해도 경직된 사고방식에서 탈피하지 못하고 '숭명배청崇明排淸 정책'[28]을 고수하여 1636년 병자호란을 자초하게 되었던 것이다.

2015년 7월 국회의원 외교활동의 일환으로 정치인들이 미국을 방문하고 미국이 한국전쟁 시에 도와준 것에 감사하면서, 공식모임에서 합동으

---

25) 지승, 「삼신과 한국사상」(서울, 학민사, 2004), p.62.
26) 조선을 도와서 왜(일본)를 제어한다는 의미.
27) 망해가는 나라를 구하고 다시 세워준 은혜라는 의미.
28) 명나라를 숭배하고 청나라를 배척하는 정책.

로 큰절을 하고 선미후중先美後中[29] 취지의 발언을 한 것이 언론에 보도되었다. 21세기 분단시대를 살아가고 있는 우리들이 미국에 대하여 재조지은在造之恩의 자세만 견지하고, 국제정세의 변화에 둔감한 채로 경직된 외교안보정책을 고수하고 있지는 않은지 한번 되새겨 보아야 할 내용이다.

역사적 사실을 냉정히 뒤돌아보면, '일제 식민지배 → 분단 → 전쟁 → 휴전 → 냉전'으로 이어지는 격동의 시대에 미국이 한반도 문제를 바라보고 처리하는 과정에 전혀 책임이 없다고는 할 수 없다. 세계 초강대국에 합당한 글로벌 리더십을 제대로 발휘하지 못하고, 순간적으로 잘못된 판단이 세월이 흐르면서 당사국에는 더 큰 고통과 부담으로 다가오기도 하고, 무심코 던진 돌멩이에 연못 속 개구리는 치명상을 입기도 한다.[30]

물론 어려울 때 도와준 사람이나 나라의 은혜를 망각해서는 안 된다. 그러나 국가에 위기가 발생할 때마다 강대국의 신세를 져야 하고, 강대국이 출현할 때마다 사대의 대상을 바꾸어 현명하게 처신하는 것이, 약자의 생존전략이라는 외세의존적 사고방식을 과감히 벗어버려야 한다. 이는 마치 자신의 면역력과 자연치유력 향상을 위해 온갖 고통을 무릅쓰

---

29) 한국이 대외관계에서 미국을 우선시하고 중국은 다음이라는 의미.
30) 미국은 38도선을 설정하고 남한에 미 군정을 실시한 후 대한민국 정부수립 지원과 경제원조도 했다. 그후 1950년 애치슨 국무장관은 한국은 미국의 극동방위선에서 제외된다고 했다. 그리고는 전쟁이 발발하자 바로 개입했다. 전쟁이 38도선 북쪽으로 진행되는 상황에서 중국의 개입 가능성이 수차례 경고되지만, 미국의 군사적 능력을 과신하고 이를 무시한다. 전선이 교착되고 소모전이 지속되면서 불필요한 막대한 인명 손실만 초래하고 휴전의 상태로 오늘에 이르고 있다. 화막대어경적(禍莫大於輕敵 : 가장 큰 화는 적을 가벼이 여기는 것이다)이 의미하듯, 적을 경시한 대가는 피난민, 전쟁고아, 전선에서 묵묵히 싸우다 전사하거나 부상당한 장병들에게 돌아갔다.

고 노력할 생각은 하지 않고, 약물에 의존하고, 건강보조식품만 찾고, 유명한 의사만 찾아다니는 모습과 같다.

　진정으로 은혜에 보답하는 길은 스스로 힘을 구비하고 독립하여 국제정세가 변하고 또 다른 강대국이 출현해도 다른 나라의 신세를 더 이상 지지 않는 국가가 되는 것이다. 또한 이와 같은 일이 한민족 역사에서 더 이상 반복, 재현되지 않도록 자존감, 자주정신, 자주국방, 자립경제를 갖춘 명실상부한 강한 국가를 만드는 것이 후손들이 해야 할 일이다.

> 자존감과 주인의식, 주체성을 구비한 사람은
> 모든 것을 자신에게서 구하고 남의 탓으로 돌리지 않는다.
> 군자는 활쏘기를 할 때 한가운데 과녁을 명중시키지 못하면 자신을 되돌아본다.
> (正己而不求於人, 子曰射有似乎君子, 失諸正鵠, 反求諸其身)[31]
> ―중용―
>
> 군자는 모든 것을 자기로부터 찾고, 소인은 모든 것을 남의 탓으로 돌린다.
> (君子求諸己, 小人求諸人)[32]
> ―논어―

　상기 내용은 중용과 논어에 전해오는, "군자는 모든 문제를 자기 탓으로 돌리고, 문제 해결책도 자신으로부터 구한다."는 가르침이다. 이제 모든 것을 내 탓으로 돌리고, 상황을 보다 객관적으로 냉철하게 보고 주인의식과 책임의식을 제고해야 한다.

---

31)　이기동 역해, 「대학·중용 강설」(서울, 성균관대학교 출판부, 2009), p.156-157.
32)　이기동 역해, 「논어 강설」(서울, 성균관대학교 출판부, 2009), p.519.

또한 한국 사회는 그간의 경제 성장으로 족식足食[33)]은 어느 정도 이루 었으나, 민신民信[34)], 족병足兵[35)]은 미흡한 절름발이 상태에 있는 것이다. 특히, 국방이라는 중요한 국가주권을 온전히 자주적으로 행사하지 못하고 강대국에 의지하면서 위험에 대비하는 상황에 직면해 있다.[36)]

개혁의 출발은 모든 국민이 이와 같은 현실을 냉철히 인식하고, 마치 인체가 약에 의존하지 않고 면역력과 자연치유력을 키워 건강하게 살아 가듯이, 스스로 주인 노릇을 제대로 할 수 있는 마음자세, 주인정신, 주체성, 자주의식을 구비하고 이를 실제로 뒷받침할 수 있는 경제적, 군사적 능력을 시급히 구비하는 것이다.

> **대한민국 헌법 제1조**
> 대한민국은 민주공화국이다. 대한민국의 주권은 국민에게 있고 모든 권력은 국민으로부터 나온다.[37)]

---

33) 경제적 풍요.

34) 국민들의 사회적 신뢰.

35) 자주국방을 위한 충분한 군사력.

36) 정전협정 규정에 따라, 군사적으로는 현재까지도 휴전 상태인 한반도는 유엔군 사령관이 정전체제를 관리하고 있다. 한국전쟁 당시 이승만 대통령이 한국군의 작전통제권을 유엔군 사령관에게 위임한 이래, 1978년까지 한국군에 대한 작전통제권은 유엔군 사령관이 행사해왔다. 1978년 11월 한미연합군 사령부가 창설되면서 현재는 한미연합군사령관이 이를 행사하고 있다. 한미연합군 사령관은 미군 4성 장군이 담당하고, 유엔군 사령관, 주한미군사령관, 주한미군 선임 장교 직책을 겸직한다.

37) 헌법 조문 중에서 가장 중요하고 핵심적인 내용이 명시된 조항이다. 국민이 주인이고, 모든 권력의 원천은 국민에게 있다는 주권재민 정신을 표현하는 조항이다.

이와 더불어 대한민국의 진정한 주인은 국민 개개인이라는 자각을 해야 한다. 상기 내용은 헌법 제1조의 내용이다. 민주공화체제는 국민 개개인이 나라의 주인이다. 헌법에 명시된 바와 같이 주권은 국민에게 있고 모든 권력의 원천은 국민으로부터 위임된 것이다. 이는 전제왕조 시대 국왕이 모든 것을 좌우하던 것과는 근본적으로 다르다.

대통령은 국민들이 직접선거에 의해 선출하고 권력 집행을 위임해준 국민들의 큰 머슴이다. 공직자들은 국민들이 낸 세금으로 생계를 유지하는 국민들의 머슴이다. 이것이 민주공화체제의 진면목이다. 따라서 국가와 사회의 흥망성쇠의 궁극적 책임은 국민에게 있다.

그러나 한국 사회는 민주공화체제의 경험이 일천하여 주객이 전도되는 많은 시행착오를 겪었다. 잦은 헌법 개정과 장기집권, 정치적 불안정과 각종 비리, 금품수수 및 뇌물과 관련된 부정적 현상은 주인과 머슴이 스스로 자신의 본분을 망각한 데서 비롯된 것이다.

> 국가가 국민을 위해 무엇을 해주기를 바라기 전에,
> 국민 스스로 국가를 위해 무엇을 할 것 인가를 먼저 고민해야 한다.
> (ask not what your country can do for you,
> ask what you can do for your country.)[38]
> -John. F. Kennedy-

미국의 제35대 대통령을 지낸 케네디John. F. Kennedy는 국가가 국민

---

38) 미국의 제35대 대통령 존 에프 케네디가 1961년 1월 20일 대통령 취임식에서 행한 연설문 중 마지막 부문 내용.

을 위해 무엇을 해주기를 바라기 전에, 국민 스스로 자신과 국가를 위해 무엇을 할 것인가를 고민해야 민주공화체제가 성공할 수 있다는 취지의 유명한 연설문을 남겼다.

국민이 국가를 위해 무엇을 한다는 것은 대단한 큰일을 해야 한다는 것이 아니다. 각자 자신이 지닌 능력과 소질을 계발하여 직업을 갖고 근로의 의무를 다하고, 소정의 세금을 납부하여 납세의무를 다하고, 국방 의무를 회피하지 않고 이행하며, 자신의 권리와 의무에 따른 제 위치에서 제 몫을 성실하게 다하는 것이다.

즉 자기 자신부터 똑바로, 제 위치에서 제 몫을 다하여, 개개인이 국가와 사회에 부담이나 짐이 되는 존재가 아니라, 스스로 노력하여 자립하고 다른 사람과 국가 사회를 위해 조금이라도 보탬이 될 수 있는 존재가 되는 것이 진정한 애국인 것이다. 이처럼 국민 개개인이 진정한 주인 노릇을 할 수 있는 마음자세, 역량, 실천이 뒤따라야 민주공화제는 안정되고 지속 가능한 상태를 유지한다.

지난 70년 역사를 회고해 보면, 외세에 의존하지 않고 분단 극복의 주체로서의 주인의식, 민주공화체제를 정착시키기 위한 주권자로서의 주인의식, 두 가지 모두 부족한 것이 현실이다. 따라서 진정한 개혁은 외부의 형식적인 것으로부터 하는 것이 아니라 각자가 나라의 주인이라는 자각과 자기혁신부터 이루어져야 효과를 달성할 수 있다.

• 민족 내부 분열, 갈등, 이질화, 심화

다음은 민족 내부 분열과 갈등, 이질화 현상이 심화되는 것을 들 수 있다. 1953년 7월 27일 정전협정이 체결되어 전쟁 상태는 종식되었으나, 전쟁 이전의 북위 38도선을 연하여 휴전선이라는 새로운 남북한 간의 경계선이 설치되고 충돌 방지를 위한 완충지대 역할을 하는 비무장지대가 설정되면서 분단 상태는 더욱 고착되었다.[39]

전쟁이 휴전 상태로 마무리되고 냉전이 지속되자, 남한은 미국과 동맹관계를 유지하고, 북한은 중국과 동맹관계[40]를 유지하면서, 휴전선 155마일을 연하여 대규모의 군대가 주둔하면서 쌍방 간 'Tit-for-Tat' 전략[41]을 추구하면서 군사적 대치가 60년이 넘도록 지속되고 있다.

그동안 남북한 간 국제정치, 군사 상황 변화에 따라 화해, 협력을 위한 노력과 시도가 부분적으로 있었으나 제대로 결실을 보지 못했다.[42]

---

39) 남한과 북한 간에는 군사적으로 정전 상태가 계속되고 있다. 전쟁 상태가 완전히 종식되고 공식적으로 평화협정이 체결된 것이 아니라 전쟁이 잠시 멈춘 휴전 상태이다. 정전협정은 유엔군(미국)과 북한군, 중국군을 당사자로 하여 체결 서명되었다. 따라서 일방이 휴전협정을 파기하고 군사행동을 취하면 전쟁 상태에 돌입하게 되는 위기가 계속되고 있다.

40) 북한은 1961년 중국과 '중조우호협력 상호원조조약'을 체결하여 남한의 '한미상호방위조약'에 대응하고 있다.

41) '눈에는 눈, 이에는 이'와 같은 의미로, 상대방 도발 시 동일한 비율로 응징 보복하는 전략.

42) 남북 간에 화해협력을 위한 대화와 노력은 1972년 7.4 남북공동성명 발표, 이산가족 상봉, 적십자 활동 분야는 많은 진전과 업적도 있었다. 1992년 남북 기본합의서를 체결하는 성과도 있었지만, 약속이 제대로 지켜지지 않고 내실 있는 후속조치가 이루어지지 않고 있다. 또한, 분단과 북한 핵 및 미사일 문제 해결을 위해 미국, 중국, 한국, 북한 간 4자회담, 미국, 중국, 러시아, 일본, 한국, 북한 간 6자회담이 시도되고 추진되었다. 6자회담은 현재도 진행 중이지만, 각국의 입장과 이해관계가 상이하여 난항을 겪고 있다.

오히려 북한은 남한의 국력 신장과 국제정세, 정치 및 군사적 환경 변화에 따라 상황이 북한에게 불리할 때는 화해협력정책을 추구하는 척하면서 시간을 벌고, 유리할 때는 자신의 이익 추구를 위해 벼랑 끝 전술 Brinkmanship[43]과 전략적 도발 정책을 번갈아 구사해 왔다.

특히, 유엔사 해체, 주한미군 철수, 외세가 배제된 민족통일을 명분으로 내세우고, 재래식 전력은 물론 핵과 미사일까지 보유하면서, 북한이 주도하고 북한식 한반도 통일을 위해 지난 60년 동안 정치, 외교, 군사 전반에 걸쳐 집요하게 노력하면서 크고 작은 도발을 지속해왔다.[44]

남북한 간에는 민족 정체성과 동질성이 있음에도 불구하고 마치 자가 면역결핍증 질환을 앓고 있는 환자처럼 동족이 동족을 공격하고 해치는 어리석음을 계속 범하고 있는 것이다. 뿐만 아니라 북한은 주체사상에 기반하여, 북한 주민들의 배는 굶주리게 하면서, 가용자산을 폐쇄적 군사우선정책 노선에 집중하여 핵과 미사일을 개발하고[45] 분단 상황을 정

---

43) 상황을 극단적으로 긴장되고 위험하게 조성하여 상대방을 협박, 위협하여 자신이 원하는 것을 얻는 전술.

44) 북한은 남한에 존재하는 유엔군 사령부와 주한미군을 무력통일의 가장 큰 걸림돌로 여겼다. 1972년 7.4 남북공동성명을 기회로 하여, 유엔사 해체와 주한미군 철수 문제를 유엔 총회에 상정하기 시작했다. 북한의 요구와 지속된 공세에, 1994년 6월 24일 전 유엔 사무총장 부투로스 갈리Boutros ghali는 북한 외무상에게 보낸 서한에서, 한국에 있는 유엔군 사령부는 유엔의 직속기구가 아니며, 따라서 해체, 존속 문제는 유엔의 관할이나 책임이 아니다. 이는 한국전쟁 당시 안보리 결의안에 따라 미국에게 위임된 사항이라고 입장을 표명했다.

45) 북한은 군사력 증강을 통한 국방력과 전쟁수행능력 향상에 중점을 두고 정책을 추진해왔다. 김일성의 4대 군사노선, 김정일의 선군정책(先軍政策)을 통해 재래식 군사력은 물론 핵무기, 미사일까지 개발하여 남한을 위협하고 있다. 김정은은 핵과 미사일, 경제 병진 노선을 추구하며 군사우선 정책을 계승하고 있다.

치적으로 악용하여 김일성, 아들 김정일, 손자 김정은으로 이어지는 김일성 공산왕조 3대 세습체계를 정당화하고 체제 유지를 위해 안간힘을 쓰고 있다.[46] 특히, 소련 공산주의 몰락과 중국의 개혁개방 정책 추진 이후, 체제 불안을 느낀 북한은 이러한 정책노선을 점점 더 강화하고 있다.

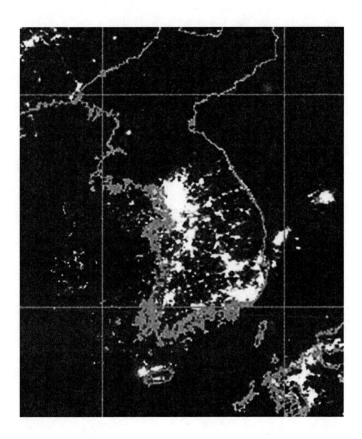

---

46) 북한은 이른바 '우리식(북한식) 사회주의' 건설이라는 미명하에 고립정책을 고수하고 있다. 그러나 북한을 탈출하여 남한이나 제3국으로 유입되는 탈북민이 증가하고 있어 국경통제와 외부유입 정보통제에 안간힘을 기울이고 있다.

앞의 사진은 미국 해군 연구소에서 제공한 한반도 상공을 인공위성에서 야간에 촬영한 사진이다. 조명으로 밝게 빛나는 남한과 암흑에 쌓인 북한의 모습이 오늘날 남북한 현실을 상징적으로 보여주고 있다.

이는 분단 상황을 빌미로 북한주민들의 생활수준 향상과 삶의 질을 높이기보다는 국가적 역량을 핵무기와 미사일 개발에 집중하여[47], 남한을 볼모로 잡고 미국을 위협하면서 체제를 유지하고, 외부로부터 유입되는 정보를 차단하고 왜곡시켜, 북한주민들의 눈과 귀를 멀게 하고 희생과 헌신을 강요하여, 공산당 특권계층이 권력과 부를 지속적으로 독점하기 위한 술책에 지나지 않는다.

특히, 김정일 사후에 30대 초반의 경험이 미숙한 젊은 지도자가 조기에 권력기반을 구축하고 체제안정을 공고히 하기 위해 강압적인 리더십을 펼치면서 이와 같은 정보차단 및 왜곡현상은 더욱 심해지고 있어 우려가 크다.[48]

---

47) 북한의 김일성은 1950년대부터 핵무기에 각별한 관심을 갖고 핵개발을 추진한 것으로 알려지고 있다. 일본패망을 앞당긴 미국 핵무기의 위력을 실감했기 때문이다. 특히, 6·25 전쟁에서 패배 후 이를 더욱 절감한 것으로 보인다. 북한은 지속적으로 핵개발에 노력해오면서 미국과 국제원자력기구의 감시망에서 벗어나기 위해 외교적 곡예와 벼랑 끝 전술을 구사하면서 집요하게 이를 추진해왔다. 또한 1991년 걸프전쟁의 실상을 본 김일성은 미국의 첨단 군사력의 위력이 상상을 초월함을 실감하고, 북한이 재래식 전쟁준비에 중점을 두고 추진해온 4대군사노선이 무용지물이 된 것을 보고 더욱 초조해지고, 조속한 핵무기 보유를 위해 매진하게 된다. 북한은 시간을 벌기 위해 1992년 남한과 화해협력을 위한 남북기본합의서를 체결하고, 1994년 7월 7일 김일성이 남북정상회담을 제의하게 된다. 남북정상회담을 앞두고 1994년 7월 8일 김일성이 사망함으로써 정상회담은 무산되고, 핵 보유 정책은 김정일, 김정은으로 계승되고 있다.

48) 2015년 8월 휴전선 비무장 지대 남쪽 지역에 북한군이 지뢰를 매설하여 국군장병이 작전 중 부상을 당하는 도발이 있자, 국군은 이에 대응하여 그동안 중단된 대북 확성기 방송을 실시했다. 확성기 방송은 사실에 기초한 각종 정보를 심리전 형태로 북쪽으로 방송하는데

남북분단 상황을 국내 정치에 활용하기 위해 오랫동안 특정 이념과 왜곡된 가치관, 세계관을 강요하여 구성원들이 집단적 고정관념에 빠지게 되면, 동일한 문자와 언어, 역사, 문화적 전통을 공유하는 민족이라도 다시 하나로 통일되어 정체성과 동질성을 회복하기가 쉽지 않다. 시간이 경과할수록 통일이 어렵고 진정한 통합을 이루는 데 더 많은 시간과 비용이 소요되는 부담을 안게 된다.

　또한 자유민주주의, 대외 개방적 시장경제체제를 성숙시킨 남한과 공산당 일당독재, 유일영도체제, 군사우선주의정책, 내부지향적 폐쇄적 사회주의 경제체제를 고집해온 북한 간에 정치, 경제, 사회, 문화 전 분야에 걸쳐 이질적인 요소가 너무 많아 분열과 갈등 및 이질화 현상은 점점 깊어져서 민족 정체성과 동질성 회복에 큰 장애요인으로 나타나고 있다.

평소 왜곡된 정보만 접하던 전선의 북한군에게는 엄청난 파급효과가 있는 것으로 알려지고 있다. 북한 당국에서 남북고위급회담을 제의하여 8월 24일 합의에 이르고, 도발에 대해 유감을 표명하고 확성기 방송이 중단되었다. 체제안정과 관련하여 외부로부터 유입되는 정보에 대한 북한 당국의 민감한 반응을 보여주는 사례이다.

• 사고의 유연성, 포용성 저하

분단과 냉전으로 인한 부작용 중 마지막은 사고의 유연성과 포용성이 저하되고 경직성, 배타성이 심화되고 있다는 것이다.

이념과 체제를 달리하는 두 집단 간에 분열과 대립 갈등이 심화되면 진영논리, 흑백논리가 구성원들의 사고방식을 지배하게 된다. 따라서 사고가 경직되고 상호배타적이며 적대감이 심화된다. 특히, 북한은 체제유지를 위해 외부세계로부터 폐쇄성과 고립화를 더욱 강화하면서 점점 더 경직되고 배타적으로 고착되고 있다.

즉 상황을 객관적이고 합리적으로 냉철히 인식하고 대처하기보다 감정적이고 진영논리에 따라 '내 잘못은 없고, 모두가 너 때문이야'라는 패러다임이 지배하면서 사고의 유연성과 포용성은 사라지고 경직되고 배타적인 의식구조가 지배하여 문제는 점점 심각해지고 있는 상황이다.

일제강점의 유산과 남북분단의 역사는 현재도 계속 진행형이다. 강제노역, 위안부 문제, 독도 영유권 주장 등 하루가 멀다하게 일본과 관련된 뉴스가 한국 사회의 스트레스 지수를 높게 하고 있으며, 북한 핵 실험과 미사일 발사, 서해 북방한계선 일대에서의 잦은 크고 작은 군사적 충돌은 남북분단과 갈등의 현실을 잘 말해 주고 있다.

그러나 일제강점, 남북분단이라는 역사적 사건의 발생 배경과 원인 결과에 대해 객관적이고 합리적이며 냉철하게 성찰하고 대응하기보다는, 식민 지배를 강요한 나쁜 일본, 분단을 고착화한 주변 강대국, 도발을 일삼는 북한 정권이라는 경직된 사고의 관점에서 탈피하지 못하고 있는 것이 우리의 현실이다.

분단과 냉전이라는 강대국들의 국제정치적 경쟁과 갈등구조 속에 빠져서, 진영논리와 흑백논리에 세뇌되어 유연성과 포용성을 상실해버린 모습이, 마치 우물 안 개구리 신세가 된 것은 아닌지 반성해보아야 한다.

역사적으로 보면 한반도 분단구조 형성의 직접적 원인은 2차 대전 종전 후 처리과정에서 일본의 식민지 상태의 조선을, 단일민족 국가로 해방시키기보다 미국과 소련의 국익을 극대화하는 선에서 양측의 암묵적 합의에 따라 이루어졌다.

물론 식민지배하에서 민족지도자들이 독립과 통일된 민족국가 탄생을 위해 많은 노력을 했지만, 내부적 분열과 갈등으로 미국과 소련의 영향력을 극복할 수 없었다. 그러나 분단의 근원적 원인을 냉철하게 따지고 보면, 스스로 지킬 힘이 없어서 이웃 나라의 식민 상태에 전락했고, 식민 상태에서 해방되면서도 스스로 힘이 부족하여 한민족 단일 공동체를 이루지 못했다. 모든 것은 내가 부족한 탓인 것이다.

임진왜란 발생 이전까지만 해도 일본은 조선으로부터 선진 문물을 전수받고 조선으로부터 모든 것을 배우는 상황이었다. 일본이 조선을 본격적으로 앞서기 시작한 것은 1868년 메이지 유신 이후부터이다. 일본은 공동체 구성원 각 개인의 인권과 권리를 중시하는 민주공화체제와 발달된 과학기술을 기반으로 추진된 산업혁명, 그리고 새로운 시장개척을 위해 해외로 눈을 돌리는 팽창주의 노선 추구 등 서구 열강들의 새로운 변화 조류에 주목하고 이를 배우고 일본화하기 위해 대대적인 개혁을 추진하기 시작했다. 이른바 '메이지 유신'[49]이라고 불리는 국가개혁정책은

---

49) 1868년 근대적 부국강병을 추구하며, 메이지 천황 중심의 왕정복고를 추진한 것을 말함.

일부 서구문물을 도입하고 배우기 위한 지엽적, 부분적 개혁이 아니라 새로운 서구문물을 철저히 배워 이를 능가하겠다는 목표하에 추진된 대대적 개혁이었다.

일본이 국가 사회 전반에 대대적인 구조조정과 개혁을 할 때 한반도는 중국 중심의 세계관과 농업경제에 기반을 둔 전통적 전제군주체제가 지속되고 있었다. 중국을 상국으로 여기고 의지하면서 내부지향적 전통고수정책이 지속되었다.

일본과 조선의 차이는 서구열강과 국제사회의 변화를 인식하고 대처하는 방법에서 일본은 근본적 변화를 추구하고 조선은 세계변화를 올바로 인식하지 못하고 전통고수정책을 지속했다. 변화를 인식하고 대응하는 방법에 차이가 있었다.

이러한 차이가 세월이 흐르면서 상상할 수 없는 결과를 초래하게 되었다. 일본은 서구열강과 어깨를 나란히 하는 근대 산업국가로 우뚝 서고, 조선은 전근대적 후진 농업국가로 전락하면서 선진문물을 전수해주던 일본에게 식민 지배를 당하게 되는 비극을 초래하게 되었다.

스스로 힘이 없어서 자초한 식민 지배와 분단 상황을, 상대방에게 책임 전가하면 힘이 있는 상대방은 속으로 비웃을 뿐이다. 또한, 역사가 주는 교훈은 강대국 어느 누구도 자국의 국가 이익을 희생하면서까지, 약소국의 입장을 자비롭게 고려하여 의로움에 입각한 행동을 하지 않는다는 것이다.[50] 국가 간 관계는 철저히 국가 이익을 우선하며, 게임 규칙은

---

50) 미국은 자유민주주의, 인권, 사회정의, 법, 개방된 경제체제 등 합리적이고 진보적인 가치관이 지배하는 세계 초강대국이다. 인류역사상, 미국처럼 범세계적으로 영향을 미치는

국력의 크기에 따라 승패가 결정된다.

객관적인 자세로 냉정하게 한반도 주변을 돌아보면 미국, 중국, 일본, 러시아 등 모두가 강대국이다. 유엔안전보장이사회 5개 상임이사국 중 미국, 중국, 러시아가 위치해 있고, 일본은 인구가 1억이 넘는 세계 2, 3위의 경제대국이며, G-7국가[51]이다. 세계의 선두그룹을 형성하는 강대국들이 한반도 주위에 포진하고 있다.

특히, 일본은 1868년 메이지 유신 이후 근대 산업국가로 거듭난 후, 1894년 청일전쟁에서 청나라에 승리했고, 1904년에는 러일전쟁을 일으켜 러시아를 굴복시켰다. 이후 1941년 12월 진주만 공격을 시작으로 미국과의 전쟁을 시도하여 1945년 8월에 패전했지만 미국, 중국, 러시아 등 세계 초강대국들과 전쟁을 치를 정도로 발전된 산업 및 과학기술을 보유한 근대국가였다.

필자는 일본의 근대역사를 찬양하고 미화할 생각은 추호도 없다. 그러나 일본을 올바르게 알아야 제대로 대응할 수 있다고 본다. 1868년 메이지 유신 이후 1945년 2차 대전 종전까지 추진된 일본 역사를 요약하면,

---

강대국은 존재하지 않았다. 그러나 한국과 미국과의 약 150년이 채 안 되는 역사를 결산해보면, 1905년 일본과 미국 사이의 가쓰라–태프트 밀약, 1945년 소련과의 38도선 분단, 1950년 애치슨 선언, 1953년 북한·중국과의 휴전협정, 1954년 한국과의 동맹조약체결 등 국제정치 환경변화에 따라 다양한 행태를 보이고 있다. 즉, 한반도 문제를 처리함에 있어서, 한민족 전체의 입장과 이익이 아닌, 미국의 입장과 이익극대화라는 목표가 외교정책의 최상위 가치인 것이다.

51) Group of Seven(7), 서방 선진경제대국(미국, 영국, 프랑스, 독일, 이태리, 캐나다, 일본)의 모임을 지칭함. 세계경제성장과 경제 불황 극복 문제를 논의하고 조율하는 기능을 주로 수행함.

아시아를 벗어나 서구와 손잡고 '탈아입구脫亞入區'[52], '대동아 공영권'[53]
이라는 황당한 명분을 내세우고, 군사력에 의존하여 전쟁으로 아시아 패
권 국가를 꿈꾸다가, 욕심이 지나쳐 망해 버린 역사라고 할 수 있다. 전
쟁, 폭력, 생명 경시. 강탈, 권위주의, 억압 등으로 표현되는 일본 근대사
는 문명의 역사가 아니라 야만의 역사에 가깝다.

그러나 2차 대전 패전 후 평화헌법을 채택하고 미국과 동맹관계를 유
지하면서 경제성장[54] 및 발전에 중점을 두고 노력한 결과 세계 2, 3위 경
제대국으로 성장했다. 최근에는 이와 같은 경제력을 바탕으로 G-7국가
로 활동하면서 야스쿠니 신사[55]참배, 과거사에 대한 교과서 왜곡[56], 독

---

52) 아시아를 벗어나 서구와 함께한다는 의미. 일본은 중국이 서구열강들에게 무력화되는 것
   을 보고【탈아입구】노선을 채택하게 된다.

53) 대동아공영권(大東亞共榮圈) : 일본이 2차대전시 아시아 침략을 정당화하기 위해 내세운
   구호. 한국, 만주, 중국, 동남아시아 일대를 일본이 주도하는 공동번영지역으로 설정하여
   이를 구현하겠다는 의미.

54) 2차 대전 종전 후 일본의 빠른 회복에는 1950년부터 1953년까지 지속된 6·25 한국전쟁
   특수가 기여한 바가 크다. 일본은 유엔군의 후방기지역할을 하며 전쟁에 소요되는 물자를
   공급하면서 약 24억 달러에 상당하는 매상을 기록하였다. 이웃국가의 불행이 일본에게는
   전화위복의 기회가 된 것이다. 1965년 한일국교정상화가 이루어지면서 식민지배 보상금
   명목으로 약 3억 달러 제공을 약속하면서 과거사를 정리하려 했다.

55) 일본의 수도 도쿄에 위치한 야스쿠니 신사(靖國神社)에는 메이지 유신 이후 나라를 위해
   전사한 사람들의 영령을 안치하고 있다. 태평양 전쟁에 참전하여 전사한 전사자 위패와 A
   급 전범으로 처형된 사람들의 위패도 안치되어 있다. 과거에는 국가주도로 운영되다가 전
   후 민간 종교시설로 변경되었다. 그러나 사실상 국립현충원과 같은 기능을 지니고 일본
   제국주의의 정신적 본산과 같은 특수한 성격을 지닌 시설이다.

56) 일본과 독일은 과거 전쟁에 대한 역사인식이 다르다. 독일은 2차 대전 종전 후 과거 전쟁
   에 대해, bottom-up 방식으로 뼛속 깊이 반성하고 과거사를 청산하고 통일을 이루고 유
   럽의 일원으로 재탄생했다. 오늘의 독일은 EU와 유로 존 국가의 만형과 같은 존재로서
   유럽을 이끌고 있다. 이에 비해 일본은 미국으로부터 강요된 top-down 방식으로 전후처
   리가 진행되었다. 세월이 경과하면서 일본의 국력이 회복됨에 따라 속마음이 드러나고 있

도를 비롯한 이웃 나라와의 영유권 분쟁[57]을 야기하며, 평화헌법 재해석, 집단적 자위권 강화 조치 등 우경화 노선을 추구하고 있다. 즉 세계 2, 3위의 경제대국이면서도 평화헌법에 의거 제한되어 있던 정치, 군사상의 족쇄를 풀고 정치, 경제, 군사 대국으로서의 위상을 확고히 하여 최종적으로는 유엔 안전보장이사회 상임이사국 진출을 노리고 있다.[58] 이것이 한반도와 가까운 이웃 나라 일본의 실체이다.

한국이 독도 문제, 과거사 문제, 기타 한일 간 갈등과 관련하여 일본의 진정성 있는 태도 변화를 바란다면, 외교적 언쟁이나 식민지배에 대한 감정적 대응에서 벗어나, 한국이 정치, 경제, 군사 등 모든 면에서 일본을 월등하게 능가하는 국력을 구비해야 한다. 한국이 일본보다 강해지면 일본 스스로 알아서 한국에 대한 태도를 바꿀 것이다.

다고 판단된다. 한국은 일본의 실체에 대해 정확하게 알고 현명하게 대응해야 한다.

57) 한국과는 독도, 중국과는 센카꾸(중국명 : 댜오위다오), 러시아와는 북방4개 섬에 대해 영유권을 주장하고 해당국과 영토분쟁을 야기하고 있다.

58) 2차 대전 후 일본은 패전국으로서 전후처리 과정에서 미국 주도하에 수동적 입장을 취할 수밖에 없었다. 미국은 일본이 군사대국으로 재부상하는 것을 방지하기 위해 일본에게 재무장과 대외적 전쟁금지를 명문화한, 평화헌법채택을(헌법 제9조에 명시) 권유하고 일본은 이를 수용한다. 대신 미국은 소련의 위협에 대비하여 샌프란시스코 강화조약을 조기에 매듭 짓고, 일본과 동맹관계를 정립하여 일본의 안보를 보장해주기로 하였다. 일본은 이를 바탕으로 경제발전에 매진하여 경제대국으로 성장했다. 최근 일본에는 보통국가, 정상국가를 내세우며 우경화 움직임이 일어나고 있다. 역사적으로 보면 일본열도가 통일되고 강력할 때마다 한반도에는 위기가 찾아왔다. 1592년 임진왜란, 1910년 한일병합이 좋은 예다. 일본이 '경제대국 + 군사대국'이 되는 상황을 한국은 심각하게 바라보고 경계해야 한다.

상대방을 알고 자신도 알면, 백 번 싸워도 위태롭지 않다.
상대방을 알지 못하고 자신만 알면, 한 번은 승리하고 한 번은 패배한다.
상대방도 모르고 자신도 모르면 싸울 때마다 반드시 패배한다.
(知彼知己, 百戰不殆, 不知皮而知己, 一勝一負, 不知彼不知己, 每戰必敗)[59]

백 번 싸워서 백 번을 승리하는 것이 최선이 아니고,
싸우지 않고 상대방을 굴복시키는 것이 최선이다.
(是故百戰百勝, 非善之善者也, 不戰而屈人之兵, 善之善者也)[60]
-손자병법-

위 내용은 손자병법에 제시된 유명한 구절이다. 나를 알고 상대방을 아는 것은 인간관계, 국가와 국가 간 관계에서도 매우 중요하며, 싸우지 않고 상대방을 굴복시키는 것이 최선이라는 것을 보여주는 교훈이다. 한반도가 처한 지정학적 위치는 인위적으로 변경이 불가능한 운명적이다. 따라서 한반도 주변 환경을 정확하게 이해하고 싸우지 않고 상대방을 굴복시키는 전략이 결코 쉬운 길은 아니다.

강대국들이 포위하고 있는 한반도 주변 환경은 사자, 호랑이, 곰, 하이에나가 우글거리는 야생에 비유할 수 있다. 미국을 사자, 중국을 호랑이, 러시아를 곰, 그리고 일본을 하이에나에 각각 비유하고 한국의 생존전략을 모색해보자.

필자는 남한은 진돗개, 북한은 풍산개에 각각 비유하고자 한다. 사자, 호랑이, 곰, 하이에나는 모두가 맹수로서 먹이사슬의 상층부에 있다. 그러나 한반도 토종 명견으로 알려진 남한의 진돗개와 북한의 풍산개는,

---

59) 김학주 역,「손자 · 오자」(서울: 명문당, 1999), p.66.
60) 위의 책, p.51.

총명하고Smart, 민첩하고Speed, 강인하여Strong 호랑이, 표범을 만나도 두려워하지 않고 용맹성을 발휘하는 것으로 알려져 있다. 신체 크기는 상대적으로 작지만 진돗개와 풍산개가 힘을 합하면 시너지 효과는 더욱 커진다. 따라서 한반도의 생존전략은 진돗개와 풍산개가 하나로 뭉쳐서 3S(Smart, Speed, Strong)를 극대화하는 것이다.[61)]

사자, 호랑이, 곰, 하이에나도 약점이 있고 한계가 있는 것이다. 총명함과 민첩함과 강인함을 무기로 약점을 파고들면 상대방이 결코 무시하지 못하는 것이다.

분단과 냉전시기에 진영논리와 흑백논리에 함몰되어 경직되고 왜곡된 사고의 틀에서 벗어나서, 우리의 처지를 역사적인 관점에서 대관세찰大觀細察하여, 객관적이고 유연하며 폭넓은 시각으로 거듭나야 한다.

모든 것을 스스로의 잘못으로 돌리는 성숙된 반성과 성찰 후에, 한민족만이 가진 장점을 살려서 남한과 북한이 하나로 힘을 모아, 새로운 단일 민족공동체로서 거듭날 때 외부의 그 누구도 함부로 간섭할 수 없고, 간섭을 용인하지도 않는 진정한 민족 자존심이 회복되고 자주, 자립의 독립국가 건설이 완성될 수 있다.

---

61) 한반도 생존전략과 관련하여 고슴도치, 전갈 이론이 있다. 필자는 개인적으로 진돗개와 풍산개 협력전략을 제시한다.

4. 한국 사회의 주요 병리현상 분석(2)
- 경제성장 우선 정책의 폐해弊害

• 가치관의 전도, 황금만능주의 확산

먼저 가치관의 혼란과 황금만능주의 확산 현상을 들 수 있다.

'우리도 한번 잘 살아보자'라는 말은 근대화와 산업화 시대의 상징적 구호다. 한국 사회는 전통적으로 벼와 보리를 이모작으로 하는 농업기반 사회였다. '보릿고개'[62]라는 말이 상징하듯 봄이 되면 항상 식량부족에 고통당하는 춘궁기가 도래했다. 초근목피에 의존한다는 말은 춘궁기에 부족한 식량을 봄에 풀뿌리와 나무껍질을 채취하여 굶주림을 해결한다는 말이다.

이와 같은 근원적 빈곤문제 해결을 위해 가난과 빈곤퇴치에 역점을 두고 경제성장을 국가발전 목표의 우선으로 하여 정부주도의 산업화를 추진해왔다. 우선 자본과 자원이 절대적으로 부족하다 보니 가용한 것을 한곳으로 모아서 일부 분야에 집중해주는 불균형 성장 전략을 채택하게 되었다. 경제성장, 효율성, 신속성, 성과달성이 시대의 화두였다.

한국 사회는 산업화 진전에 따라 경제가 성장하고 과학기술의 진보가 이루어지고 부가 축적되어 인간을 힘든 노동으로부터 해방시키고 물질

---

62) 지난해 생산된 식량이 고갈되어, 햇보리가 생산될 때까지 굶주림이 계속되는 기간을 지칭함. 1950년, 1960년대 한국사회의 가난과 빈곤상태를 상징적으로 나타내는 말.

적으로 풍요로운 사회를 가져오게 되었다. 그러나 산업화가 고도화할수록 자본의 논리는 이윤을 위한 것이면 무엇이든 할 수 있다는 황금만능사상을 만연케 했다. 부자는 더 갖기 위해 노력하고 가난한 자는 어떻게해서든지 재물을 축적하기 위해 노력하게 되면서 빈부격차가 심해지고상대적 박탈감과 불만이 축적되게 되었다.

나아가서 대량생산과 물질적 풍요는 인간에게 진정한 행복과 만족감을 주기보다는 물질에 대한 소비욕구를 더욱 부채질하고, 돈으로 안 되는 일이 없고, 돈이 된다면 무엇이던 할 수 있다는 왜곡된 가치관이 자리잡게 되었다.

즉 물질적 가치가 인간적 가치를 지배, 통제하는 가치관 전도 현상이심화되었다. 이와 같은 현상은 정치, 경제, 사회, 문화 등 사회 전반적으로 확산되었으며, 도덕과 윤리, 양심의 최후 보루가 되어야 할 종교, 교육, 법조계에 이르기까지 광범위하게 확산되었다. '그게 돈이 되냐?', '연봉이 얼마지', '무전유죄', '유전무죄'라는 말이 이를 잘 대변하고 있다.

이는 더욱 나아가서 인격, 인간 존엄성, 도덕, 윤리, 법, 원칙을 우선시하기보다 단기적 이익과 일시적 만족과 쾌락을 우선시하는 천박한 물신주의와 근시안적 이기주의, 관능적 쾌락주의, 결과지상주의가 사람들의 사고와 행동을 지배하는 주된 가치체계로 자리 잡게 하였다. 인간의비인간화, 상품화 현상이 심화되었다. 즉 사람보다 돈이 더 중요시되었다.[63]

이러한 풍조는 남북관계까지 확대되어 인도적 문제와 평화정착, 분단

---

63) 김태길, 「인간의 존엄성과 성실」(서울, 삼육출판사, 1996), p.28-32.

해결을 위한 각종 교류협력 사업에 돈을 지불해야 관계가 성사되는 지경에 이르렀다. 가장 신성해야 할 민족 문제 해결에 돈이 개입되어 시장에서 거래를 하듯이 돈의 많고 적음이 관계의 성패를 좌우하는 상태가 되었다.[64]

> 덕이 근본이고 재물은 말단이다.
> 말단과 근본이 바뀌게 되면 백성들은
> 서로 재물을 많이 차지하기 위해 싸우게 된다.
> (德本財末, 外本內末, 爭民施奪)[65]
> ─대학─

대학大學에 "덕본재말德本財末, 외본내말外本內末, 쟁민시탈爭民施奪"이라는 말이 있듯이, 덕이 목적이고 재물이 수단이어야 바람직한 모습인데, 가치관이 전도되어 재물을 덕보다 우선시하면서 수단과 방법을 가리지 않고 서로가 많이 차지하기 위해 다투는 사회가 된 것이다.

물론 사람이 살아가는 데 물질적 요소는 중요하며 사회 및 국가의 생

---

64) 2015년 2월 2일 발행된 전직 대통령의 회고록에서 남북정상회담의 대가로 북한에서 100억$ (한화 11조 원) +α를 요구했지만, 응하지 않았다는 사실이 밝혀지면서 화제가 되었다. 약 10년 동안 2회의 남북정상회담과 교류협력사업을 추진하면서 북한에 제공된 자금은 약 29억 812만$(3조 3356억 원)으로 집계되고, 비공식 음성적으로 제공된 자금은 정확하게 알려지지 않고 있다.(2010. 12 .3. 조선닷컴, 기사 내용) 그러나 북한에 제공된 자금은 투자 - 고용증대 - 생산성 향상 - 소득 창출이라는 선순환적 역할을 해서 한국경제에 도움이 되기보다는, 북한체제를 유지시키고 대량살상무기 개발에 전용되는 등 부메랑이 되어 한국의 부담으로 되돌아왔다.

65) 이기동 역해, 「대학 · 중용 강설」(서울, 성균관 대학교 출판부, 2009), p.90.

존, 성장, 발전을 지속하기 위해서는 경제적 기반 확보가 필수적이다. 이와 같은 맥락에서 맹자는 "안정된 재산이 없으면 한결같은 마음을 갖기도 어렵다.(無恒産而 有恒心者 唯士爲能)"라고 언급했고, 관자도 "곡식창고가 가득 차 있으면 예절을 알고, 먹고 입을 것이 넉넉하면 영예와 치욕을 분간한다.(倉廩實則 知禮節 衣食足則 相榮辱)"라고 했다.[66] 또한 한국 속담에 '금강산도 식후경'이라는 말이 의미하듯이 배가 불러야 관광도 구경도 가능하다. 즉 생존에 필요한 물질적 기반 없이는 인간의 존엄성이 구현되기 어렵다는 의미로 해석할 수도 있다.

그러나 물질이 전부라는 뜻은 아니며, 물질이 사람보다 더 중요하다는 것은 더욱 아니다. 순자에 "군자역물君子役物, 소인역어물小人役於物"[67]이라는 가르침이 전해지고 있다. 이는 군자는 물질을 지배하고 소인은 물질에 지배를 당한다는 뜻이다. 대학大學에도 "인자, 이재발신仁者, 以財發身, 불인자, 이신발재不仁者, 以身發財"[68]라고 가르치고 있다. 어진 사람은 재물을 자신의 몸을 위해 활용하고 어질지 못한 사람은 자신의 몸을 혹사해서 재물만 늘린다는 뜻이다.

이를 현대적으로 해석하면, 바람직한 삶은 사람이 살아가면서 물질의 중요성을 인식하되 절제와 절약을 통해 이를 극복하고 인간 존엄이 구현되는 삶을 살아야 바람직하지, 사람이 물질의 노예가 되어 주객이 바뀐 삶을 살아서는 안 된다는 말로 이해할 수 있다.

---

66) 김태길, 「인간의 존엄성과 성실」(서울, 삼육출판사, 1996), p.178.
67) 순자 지음, 김학주 옮김, 「순자」(서울, 을유 문화사, 2009), p.72.
68) 이기동 역해, 「대학 · 중용 강설」(서울, 성균관 대학교 출판부, 2009), p.99.

우리도 한번 잘 살아보자는 목표가 단순히 돈이 많고 물질적 풍요를 누리는 것에 머물러서는 선진국이 될 수 없다. 잘 산다는 의미는 단순히 돈이 많고 재산이 넉넉하다는 것만이 아니다. 경제적 풍요는 수단이며 과정에 불과하지, 목적이 될 수는 없다. 경제적 풍요를 바탕으로 인간의 존엄성과 삶의 질이 보장되는 안전한 사회, 나의 존엄성이 지켜지면서 다른 사람의 존엄성도 동시에 보장되는 조화로운 사회가 진정한 의미의 잘 사는 선진사회라고 할 수 있다.

세월호 사고의 원인도 궁극적으로 분석해보면 결국 인간의 존엄성보다 돈을 우선시하는 가치체계의 전도가 초래한 인재라고 볼 수 있다. 노후 선박을 다수의 인원이 탑승하는 여객선으로 운항할 수 있도록 허가해준 경제적 효율성 중심의 정부의 여객선 규제완화 정책, 선박과 승객의 안전보다 이익 극대화에 주안을 둔 선사의 무리한 구조변경 작업 및 적재정량을 초과한 무리한 화물적재 및 운항, 사고 후 구조 과정에서의 승객보다 자기 자신의 안전을 우선시한 선장과 승무원의 직업윤리 실종의 이면에는 사람보다 돈, 우리보다 나를 우선하는 황금만능사상과 이기주의가 자리잡고 있었다.

• 사회적 불균형, 불신풍조 확산

1948년 민주공화체제를 지향하면서 이승만 대통령을 중심으로 하는 대한민국정부가 수립되었다. 서구 선진 민주국가의 헌법과 정치제도를 참조하여 좋은 점을 모두 망라하여 헌법과 법률을 제정하고 새로운 국가 건설의 원대한 목표를 설정하고 힘찬 출발을 하였다. 그러나 2년 후 1950년 6월 25일, 북한 김일성 정권이 무력에 의한 남북통일을 획책하며 전면 남침전쟁을 도발하여 남북한 간에는 전쟁 상태에 돌입하게 되었다. 전쟁은 미국을 중심으로 하는 유엔군이 참전하고 중국이 개입하면서 국제전 양상으로 확대되어 교착상태에 머물다가 1953년 7월 27일 휴전의 상태로 불완전하게 마무리되었다.

휴전 후 경제적 피폐와 빈곤, 정치적 불안정, 사회불안이 계속되자, 1961년 5월 16일 군사혁명이 발생하면서 박정희 대통령이 중심이 되어 반공, 경제성장을 기치로 새로운 정부가 출범했다. 1960년대 초반 한국 사회는 한국전쟁의 상처를 제대로 치유하지도 못하고, 사회 전반에 걸쳐 전근대성과 후진성을 벗어나지 못한 낙후된 상태였다. 빈곤과 가난 퇴치를 위한 물질적 기반 확보가 정부의 당면과제가 되었다. 자원, 돈, 인원, 기업인, 기업체 등 모든 것이 부족한 상태에서 가용한 모든 것을 소수에 집중하여 조기에 성과를 달성하기 위한 경제성장 우선에 기반을 둔 정부 주도의 불균형 성장전략[69]이 채택되고 시행되었다. 속도, 효율성, 가시

---

69) 당시 경제성장의 주도적인 역할을 담당한 기업들이 재벌이라는 형태로 현대 한국 사회의 대기업 군을 형성하고 있다.

적 성과가 중시되고 사회의 중심가치로 확산되었다.

이에 반해 인권, 민주화, 사회적 평등, 분배, 복지 등 사회적 균형과 조화를 달성하기 위한 가치와 주제는 일단 유보되고 우선순위가 뒤로 밀렸다. 경제가 성장하고 발전하면서 유보해두었던 정치적 민주화, 경제적 평등과 복지, 인권 문제가 발생하자, 빈익빈 부익부 현상, 도시와 농촌의 격차를 시정하고 사회적 균형을 회복하기 위한 과정에서 많은 갈등과 마찰이 발생하고 불신풍조가 증폭되었다.

사회적 균형회복과 관련하여 그 동안 많은 개선과 성과도 있었다. 그러나 오랫동안 많은 시행착오와 희생, 갈등과 분열, 사회적 낭비가 누적되면서 불신풍조가 심화되었고, 또한 한국이 경제성장 정책을 추진하면서 첫 단추로 끼워진 불균형 성장 전략을 근본적으로 변경할 수는 없는 한계가 노출되어 현재에 이르고 있다.

오늘날 세계적으로 유행하는 '1% & 99%'[70]라는 수치는 상위 1%가 부를 독점하고 점점 부유해지고(富益富) 나머지 99%는 빈곤에 직면하고 점점 가난해지고 있는(貧益貧)현상을 상징적으로 보여주는 수치다.

이는 21세기 신자유주의 사상을 배경으로 하는 현대 자본주의[71]의 속성을 상징적으로 보여주는 수치로 사용되기도 한다. 한국경제도 이와 같은 국제적 추세와 연계하여, 대외개방, 글로벌 경쟁력 강화를 지향하면서, 대기업 중심의 경제력 집중 현상이 심화되어 중산층이 얇아지는 등

---

70) 경제적 부익부 빈익빈 현상이 심화되고 있는 자본주의 경제체제의 문제를 상징하는 수치.

71) 개인의 자유로운 경제활동 보장, 시장의 자율기능 신뢰, 글로벌 시장 개방과 자유무역 확대, 정부의 간섭 최소화를 지향하는 사상을 신자유주의라고 한다. 자유 확대라는 긍정적인 측면도 있으나, 무한경쟁, 불균형 심화의 부작용도 발생하고 있다.

불균형 현상이 심해지고 있다.

또한 대기업과 중소기업, 상류층과 중·하류층, 정규직과 비정규직 등 사회의 각계각층별로 소득, 삶의 질 등 전반적인 면에서 격차와 불균형이 심해지는 부정적 현상도 나타나고 있다. 이와 연계하여 사회적 불신 풍조도 심화되고 있다.

> 균형과 조화가 지극하면 하늘과 땅이
> 각각 제자리를 유지하고 세상 만물이 잘 자라게 된다.
> (致中和 天地位焉 萬物育焉)[72]
> ―중용―
>
> 백성들의 신뢰가 없이는 국가가 바로설 수 없다.
> (民無信 不立)[73]
> ―논어―

「중용」에 균형과 조화가 지극하면 하늘과 땅이 각각 제자리를 유지하고 세상만물이 잘 자라게 된다는 가르침이 있다. 균형과 조화의 중요성에 대한 가르침이다.

또한 「논어」에 백성들의 신뢰가 없으면 국가가 바로 설 수 없다는 가르침이 있다. 사회 구성원 상호 간, 정부와 국민 사이에 신뢰와 믿음이 없이는 사회가 온전히 유지, 성장, 발전할 수가 없다는 것이다. 고전에서 강조하는 균형과 조화, 믿음과 신뢰의 중요성에 비추어 보면 현대 한국

---

72) 앞의 책, p.115.
73) 이기동 역해, 「논어강설」(서울, 성균관대학교 출판부, 2009), p.404.

사회는 문제점이 많음을 알 수 있다.

인격의 존엄과 개별성을 지니면서 사회적 동물인 인간은, 공동체에 소속되어 스스로 자유롭게 살기도 바라면서, 남들과 차별대우를 받기도 싫어한다. 따라서 자유와 평등은 항상 동전의 양면과 같은 성격을 지니며 인류역사와 함께해 왔다.

역사의 교훈은 지나친 자유이념도 바람직하지 못하고, 지나친 인위적 평등이념도 효과적이지 않다는 것이다.[74] 따라서 사회 구성원들의 신뢰와 공감대를 바탕으로 균형과 조화를 이루는 것이 중요하다고 볼 수 있다.

---

74) 서구 근대 자유민주주의와 자본주의 시장경제체제는 개인의 정치적 자유와 경제활동의 자유이념이 기반이다. 자본주의가 발달하면서 빈익빈 부익부 현상이 심화되자, 사회적 평등과 국가통제이념을 앞세운 공산주의가 등장했다. 그러나 공산주의 몰락과 수정자본주의의 대두는 자유와 평등이 균형과 조화를 이루는 것이 바람직하다는 것을 보여주고 있다.

• 이치理致보다 이익利益, 과정보다 결과 중시

단군신화에 나오는 "홍익인간 재세이화弘益人間 在世理化"는 널리 사람을 이롭게 하고 이치로서 세상을 다스린다는 뜻이다. 즉 물리적 힘이나 물질적 이익이 아니라 이치로써 공동체의 질서를 유지하고 다함께 잘사는 사회를 건설한다는 의미이다. 고대로부터 선조들은 한반도가 지닌 특성상 먹을 것이 풍족하지 못하고, 외침이 잦고, 인구는 상대적으로 많은 나라에서 삶이 이치를 벗어나기 쉬운 환경을 극복하기 위해, 공동체 생활에 원칙과 올바름, 의로움을 강조해 왔다.

그러나 한국 사회에서는 '무사안일, 대충대충, 빨리빨리'라는 말이 흔히 쓰인다. 매사를 처리함에 있어서 마땅히 어떻게 해야 하는지를 알면서도 어렵고 귀찮고 힘드니까 군이 그렇게 할 것 없이 대충, 우물쭈물, 얼렁뚱땅, 건성으로 넘어가고 좋은 게 좋다는 식으로 눈치껏 힘든 길을 비켜가자는 것이다. 이러한 풍조는 앞에서 언급한 가치관 전도와 황금만능주의와 연계되어, 개인의 사고와 행동의 기준을 공동체 전체의 장기적 이익, 즉 의로움보다 단기적, 사적 이익을 우선시하는 이기주의를 확산시키고, 나아가서 배타적 이해관계에 따라 집단 이기주의를 추구하게 되는 결과를 낳게 되었다. 또한 일의 추진 명분과 과정보다 결과나 성과를 중시하는 의식이 확산되었다.

특히, 한국 현대 정치사는 전제군주체제에서 민주공화제로 전환되는 시기로서 정치지도자의 역할과 책임이 그 어느 시대보다도 중요해졌다. 국정 최고 책임자로서 대통령의 리더십은 국가 사회 발전에 미치는 영향이 지대하다. 국가가 새로운 권력구조와 정치체제가 도입되어 순조롭게 뿌리내리고 정착하기 위해서는 초대 대통령과 국가의 기틀을 다지고 도약시키기 위해 뒤를 잇는 대통령의 역할과 책임이 매우 중요하다.[75]

그러나 이들의 집권 과정과 정치적 행태를 보면 정치적 원칙과 도에 따라 일관성을 유지하면서, 국가와 민족의 미래를 걱정하면서, 사심 없이 솔선수범하는 지도자의 모습이라고 하기에는 부족함이 있었다. 이들은 정치적 이해관계에 따라 이합집산을 거듭하면서, 때로는 의로움義을 명분으로 내세우고 지도자다운 리더십을 발휘하기도 하고, 때로는 개인적 권력욕을 앞세우며 반대 세력과도 야합하는 이중적 행태를 보였다.

또한 집권 연장을 위해서는 헌법 개정도 거침없이 추진하고, 반대세력 탄압도 주저하지 않았다. 또한 선거유세 도중에 국민들을 상대로 한 공약公約도 제대로 지키지 않고 공약空約이 남발되었다. 즉 심오한 정치철학, 정치도의, 일관성 등 국정최고 책임자로서 대도大道 구현을 위한 리더십보다는, 집권과 통치를 위해 권모술수權謀術數에 의존하는 행태를 더 많이 보였다.[76]

---

75) 근대적 민주공화체제를 최초로 정립한 나라는 미국이다. 미국이 오늘날까지 자유 민주주의를 발전시키고 세계적 강대국으로 성장하여 번영을 누리는 것은 초대 대통령을 지낸 조지 워싱턴의 리더십이 초석이 되었다. 그는 영국과의 독립전쟁을 주도한 장군이었다. 당시의 세계는 대부분의 국가가 전제 군주제를 시행하고 있었다. 장군 출신이 초대 대통령으로 당선되자 주위에서 왕으로 추대하자는 분위기가 조성되었다. 또한 당시 헌법 규정에는 대통령 임기 제한이 없었다. 그러나 조지 워싱턴은 4년 1회를 고집했다. 그러나 주위에서 건국 초기에는 불안하니 1회만 더 봉사해 달라고 해서 4년을 더 재직하고 자신의 농장으로 귀향해 노후를 보냈다. 230년 미국 헌정사에는 집권 연장을 위한 헌법 개정, 권력 쟁탈을 위한 군부 혁명, 기타 불법적 정변이 없었다. 미국의 천년대계를 위해서 자신의 권력욕을 경계하고 공동체의 영속성을 바라보며 솔선수범한 진정한 지도자였다.

76) 정윤재, 「정치 리더십과 한국 민주주의 한국 대통령 리더십 연구」(경기 파주, 나남), p.181~369.

이들이 재임하면서 특정 분야에서는 국가 사회 발전에 기여한 성과와 공로도 작지 않지만, 집권을 위해서는 수단과 방법을 가리지 않는다는 면에서는 별 차이가 없었다. 국가 지도층의 중추에 해당하는 정치권의 이치理致보다 이익利益, 과정보다 결과를 중시하는 이러한 행태는, 타 분야와는 비교가 되지 않을 정도로 사회전반에 미치는 부정적인 영향이 컸다.

개인의 사고와 판단 기준이 사적인 이익을 우선하게 되면 사회는 건강성을 상실한다. 물건 하나라도 치수를 꼼꼼히 재어 빈틈없이 만들어야 제 기능을 발휘하고 말 한 마디라도 정확하고 분명하게 해야 의미가 제대로 전달된다. 법과 규정은 엄격하게 집행되고 준수되어야 질서가 유지되고 안전이 담보된다. 또한 신상필벌이 엄격하고 공정하게 이루어져야 사회의 기강이 확립된다. 그러나 그걸 따지면 답답하고 고지식한 사람이되고 세상 물정 모르는 어리석은 사람이라고 취급받는다.

이는 근본적으로 해방 후 일제 식민지 유산에 대한 청산이 제대로 이루어지지 못하고, 남북분단과 전쟁, 냉전 구조, 잦은 정변, 정치권력 획득 과정에서의 정당성 위기가 반복되고 단기간의 압축 성장 과정을 거치면서 발생한 부작용 등의 원인이 복합적으로 상호작용한 것이라고 볼 수 있다.[77]

'우선 나부터 살고 보자', '내가 살아남는 데 가장 유리한 생존 전략은?'이라는 명제 앞에 나보다는 공동체를 우선시하고, 하루 또는 한 달, 1년보다 30년 또는 백 년 후의 일관된 장기간의 인생 목표와 국가발전 전략

---

77) 대통령 자문 21세기위원회, 「21세기의 한국과 한국인」(서울, 나남 출판, 1995), p.89-95.

은 생각하기가 쉽지 않다.

그러나 위대한 민족은 위기 상황일수록 명분과 이치에 합당하게 사고하고 행동하여 위기를 극복한다. 한민족이 반만 년 역사를 이어오면서 면면히 계승해온 풍류도, 화랑도, 선비정신이 그것이다.

> 의로움을 우선하고 자신의 이익을 뒤로하는 사람은 영광을 누리고,
> 자신의 이익을 우선하고 의로움을 뒤로하는 사람은 치욕을 당한다.
> (先義而後利者榮, 先利而後義者辱)[78]
> -순자-
>
> 이익과 마주하게 되면 의로움을 생각하라.
> (見利思義)[79]
> -논어-

위 내용은 「순자」와 「논어」에 나오는 의로움과 이익에 대한 가르침이다. 항상 의로움을 생각하고 사적인 이익을 우선하지 말아야 한다는 것이다. 그러나 한국 사회는 이와는 반대로 소위 선사후공先私後公[80], 선리후의先利後義[81]의 왜곡된 사고방식이 확산되었다.

세월호 사고의 궁극적 원인도, 대형 선박의 제작, 운항과 관련해서는 종합적 과학기술과 안전 규정, 항해술이 기초가 되어 모든 것이 이치에

---

78) 순자 지음, 김학주 옮김, 「순자」(서울, 을유 문화사, 2009), p.122.
79) 이기동 역해, 「논어 강설」(서울, 성균관대학교 출판부, 2009), p.470.
80) 사적인 것을 우선하고 공적인 것을 뒤로 미룬다는 뜻.
81) 이익을 우선하고 의로움은 뒤로 미룬다는 뜻.

합당해야 배가 순항하는데, 이를 무시하고 인간의 무지, 오만, 탐욕을 앞세워서 생긴 사고이다.

또한 한국 사회에서 정치인, 고위 공직자, 기업인 중에서 권력과 부를 위해 수단방법을 가리지 않고 지나치게 사적 이익을 앞세우며 살다가, 인생의 장·노년기에 사정당국의 조사와 법의 심판을 받고 모든 것을 잃고 치욕을 당하는 모습을 자주 접한다.

고전에 전해지는 의로움을 우선하고 자신의 이익을 뒤로하는 사람은 영광을 누리고, 자신의 이익을 우선하고 의로움을 뒤로하는 사람은 치욕을 당한다는 가르침이 틀리지 않았음을 실감한다.

• 정치인 인기영합주의, 공직자 무사안일주의 확산

민주공화체제는 국가 공권력의 원천이 국민으로부터 유래한다. 특히, 공직은 국민들의 직접선거에 의해 선출된 선출직 공직자나 소정의 절차에 따라 임용된 임명직 공직으로 구분되는데, 국민으로부터 위임된 권력으로 공무를 수행한다는 것에는 변함이 없다.

공직자들의 사고방식과 사명감에 따라 국가 사회 발전의 성과는 확연히 달라진다. 그러나 한국 사회는 경쟁성이 강한 권력과 부, 명예를 획득하는 과정에 공정하고 투명한 게임의 규칙이 정립되지 못하고 상황논리와 찰나주의가 판을 치게 되었다.

역사적으로 오랫동안의 전제군주체제 전통에 익숙하고, 민주공화체제의 경험이 일천한 상태에서, 국가의 백년대계와 미래세대의 삶에 대한 관심보다 당장 눈앞의 이익에 혈안이 되어 잦은 헌법개정, 부정선거, 부정부패, 비리가 만연하고 정치권력획득의 정당성 문제가 반복되었다. 이는 정당하고 선하면서도 강한 권력, 깨끗한 부의 축적과 공정한 분배, 순수하고 고결한 명예를 목표로 하는 험난한 정의의 길을 외면하고, 수단과 방법을 가리지 않고 권력과 부와 명예를 추구하는 안일한 불의의 길을 선호하게 하였다.

특히, 정치인들은 국가 사회의 장기적 발전이나 건전성, 지속 가능성에 중점을 둔 정책을 공약으로 하기보다 "수도 서울의 기능을 지방으로 이전해서 해당 지방의 땅값을 올려 재산상 막대한 이익을 보장해줄 테니

나에게 표를 달라."[82]는 공약을 내걸고 대통령에 당선되는 사례가 나올 정도로, 자신의 단기적 정치적 이익 추구에 도움이 되면 무엇이던지 선심성 공약을 남발하는 일이 많아졌다. 이른바 인기영합주의[83]가 등장하고 확산되었다.

또한 가용 예산이나 재정 능력을 초과한 과도한 퍼주기 식 복지, 불요불급한 사회간접자본 투자, 보여주기 식, 실적 과시용 각종 행사와 축제, 호화청사 건립, 불요불급한 해외출장 및 연수 등 공직전반에 걸쳐 도덕적 해이(Moral Hazards[84] 현상도 심화되었다.

이와 같은 사례는 중앙 및 지방을 불문하고 공직자들에게 흔한 일이 되었다. 그 결과는 국가 사회적 낭비가 심하고 부채가 누적되어 납세자인 국민들의 부담과 후손들에게 과도한 짐을 지우는 결과로 나타나고 있다.[85]

또한 공직자들은 소신과 사명감 주인의식을 견지하고 국가사회의 문제를 해결하기 위해 진력하기보다 어렵고, 힘들고, 위험한 일을 가능하

---

82) 서울과 경기도 과천에 있던 중앙행정부 중 국방을 비롯한 일부 기능을 제외하고 대부분 충청남도 연기군 일대로 이전되어 이른바 세종특별자치시가 탄생되었다. 입법, 사법, 행정 등 국가의 주요 기능이 지리적으로 분산되어 업무의 효율성이 저하되고 낭비가 심화되고, 부담이 가중되는 부작용이 초래되고 있다.

83) Populism (government or politics, based on an appeal to popular sentiments or fears: 사람들의 감성과 공포에 호소하는 정치 또는 정부).

84) 도덕, 윤리, 법, 원칙과 관련하여 이를 지키지 않고 위반하더라도 별다른 죄의식이나 부끄러움이 없이 무감각한 상태.

85) 한국은 1997년 외환 보유액이 부족하여 대외채무상환을 못하는 국가부도 사태에 직면한다. 정부는 IMF 구제금융을 신청하여 2001년 8월 23일까지 IMF 관리·감독하에서 경제개혁이 추진되었다. 기업도산, 대량 실직자 발생으로 사회적으로 큰 고통을 겪었다.

면 회피하고 안전하게 정년까지 근무하면 된다는 무사안일 의식이 확산
되었다. 이른바 '영혼 없는 공무원'[86]이 장수의 비결이라는 의식이 확산
되었다.

> 지도자가 스스로 곧고 바르면 명령을 내리지 않아도 따르게 되고,
> 지도자가 스스로 곧고 바르지 않으면 명령을 내려도 따르지 않는다.
> (其身正不令而行, 其身不正 離令不從)[87]
> ―논어―
>
> 위대하고 훌륭한 공직자는 오로지 법과 원칙을 지키면서 소신껏 공무를 수행하
> 다가 여의치 않으면 그만두고 물러나는 것이다.
> (大臣者 以道事君 不可則止)[88]
> ―논어―

위 표의 내용처럼 고대로부터 국가 사회를 이끌어 가는 지도자의 바람
직한 리더십과 관련하여 솔선수범率先垂範, 스스로의 올바름이 강조되어
왔고, 공익과 관련된 업무를 수행하는 공직자들의 바람직한 자세에 대해
법과 원칙에 입각한 소신 있는 처신이 강조되어 왔다. 그러나 한국 사회
는 위의 내용과는 많이 달랐다.

동양 전통에는 사회적으로 다양한 인간관계와 업무수행체계에서 '의

---

86) 개인적 주관과 소신, 가치관에 따라 적극적으로 생각하고 판단하고 행동하는 것이 아니
라, 상부 지시에 따라 기계적, 소극적으로 자신의 직무를 수행하는 태도를 말함.

87) 이기동 역해, 「논어 강설」(서울, 성균관대학교 출판부, 2009), p.434.

88) 위의 책, p.387.

도불의인依道不依人'[89] 정신이 계승되고 강조되고 있다. 도를 따르되, 사람을 따르지 않는다는 뜻이다.

또한 "종도불종군從道不從君, 종의불종부從義不從父"[90]라는 말은 도를 따르되 임금을 따르지 않으며, 의로움을 따르되 아버지를 따르지 않는다는 말이다. 전제 왕조시대에도 "전하, 아니 되옵니다."라는 말이 이를 잘 말해주고 있다.

이것은 맹목적으로 임금의 명령에 복종하는 것이 충성이 아니며, 부모의 뜻에 무조건 순종하는 것이 효도가 아니란 말이다. 임금의 명령이나 부모의 뜻이 이치에 합당한가를 따져보고 도에 어긋나지 않을 때 복종하고 순종하는 것이 진정한 충성이요 효도라는 의미이다.

현대적인 의미는 공동체 내의 가정, 직장, 기타 다양한 사회적 조직에서 인간관계를 형성하고 이끌고 따르는 과정에서 사고와 행동의 기준을, 도道를 우선시하고 사람의 자의적인 요소에 의존해서는 안 된다는 것이다. 이와 같은 원칙이 정립되고 전승된 배경에는 다음과 같은 사고방식이 깔려 있다. 즉 사람은 누구나 완전할 수가 없다. 따라서 공동체에서 상하관계를 이루면서 업무를 추진하다 보면 상관이라고 해서 모든 일을 완벽하게 무오류의 상태로 처리할 수가 없다. 그리고 상황은 수시로 변한다. 이와 같은 약점을 보완하고 조직 전체의 안녕과 성장을 위해서 아랫사람의 적극적인 역할을 독려하고 진작하기 위해 도를 우선시해야 한

---

89) 도를 따르고 사람을 따르지 말라는 뜻. 도란 우주 만물의 생성과 소멸을 지배하는 근본 원리이고 사람은 자연의 일부이며 상황에 따라 자의적이고 변덕이 심한 존재이다. 따라서 근본 원칙을 우선해야 한다는 것이다.

90) 순자 지음, 김학주 옮김, 「순자」(서울, 을유 문화사, 2009), p.969.

다는 것이다.

특히, 예로부터 이와 관련된 병폐를 방지하기 위해 국가의 존망과 관련된 전쟁을 수행하는 원칙과 관련하여 「손자병법」에는 "군명유소불수君命有所不受"[91]라는 가르침이 있다. 사마천의 「사기」에 "장재 외 주령유소불수將在外 主令有所不受"[92]라는 구절이나 전장에 위치한 장수들의 진중에 걸어두었던 "군중불문천자조軍中不聞天子詔"[93]라는 표어는 이를 잘 보여주고 있다. 뜻은 임금의 명령도 상황에 따라서는 따르지 않아야 할 경우도 있다는 것이다.

이는 국가의 존망과 관련된 전쟁을 수행하는 장수가 전쟁터에 나아가서 병사들을 이끌고 전투를 수행하는 과정에서 사고와 행동의 기준을 제시하는 중요한 원칙이다. '전쟁 수행의 도(戰道)'를 우선하여 최소의 희생으로 승리를 해야 하지, 전장에서 멀리 떨어져 있는 군주의 명령을 상황에 적합하지 않는데도 불구하고 기계적으로 이행하여 결과적으로 전쟁에 패하여 군주에게도 해롭고 국가존망에도 부정적 영향을 끼쳐서는 안 된다는 것이다. 필자는 한민족 역사에서 이와 같은 정신이 가장 이상적이고 모범적으로 구현된 사례를 다음과 같이 제시하고자 한다.

---

91) 김학주 역, 「손자 · 오자」(서울, 명문당, 1999), p.149.
92) 장수가 출정하여 전장에 위치해 있을 때에는 임금의 명령도 따르지 못할 경우도 있다.
93) 장수가 전장에 있을 때에는 천자의 조명도 듣지 않는다.

이순신 정신

1. 독실한 믿음으로 학문을 좋아하고, 죽음을 무릅쓰고 일생 동안 원칙과 도를 실천하며, 뛰어난 인품과 역량으로 나라를 구한 진정한 선비. (篤信好學, 守死善道, 經天緯地之才, 補天浴日之功)

2. 임금의 명령이라도 상황에 따라서는 이행하지 못할 경우도 있다. 전쟁의 도에 비추어 승리가 확실시되면 임금이 싸우지 말라고 해도 반드시 싸워 이겨야 하고, 전쟁의 도에 비추어 승리가 불가하면 임금이 반드시 나가 싸워라 해도 나아가지 말아야 한다. 자신의 명예를 구하기 위해 전투에 임해서는 아니 되며, 물러나야 할 상황인데도 처벌이 두려워서 머뭇거리면 아니 된다. 오로지 백성들을 보호하고, 임금을 이롭게 하는 것이 진정한 국가의 보배이다. (戰道必勝, 主曰無戰, 必戰可也, 戰道不勝, 主曰必戰, 無戰可也, 故進不求名, 退不避罪, 惟民是保, 而利於主, 國之寶也)

3. 전장에서 구차하게 살려고 하면 반드시 죽을 것이고, 죽을 각오로 싸우면 반드시 살 것이다. (必生則死, 必死則生)

「손자병법」에 "전도필승戰道必勝 주왈무전主曰無戰 필전가야必戰可也, 전도불승戰道不勝 주왈필전主曰必戰 무전가야無戰可也 고진불구명故進不求名 퇴불피죄退不避罪 유민시보惟民是保 이리어주而利於主 국지보야國之寶也"[94]라는 가르침이 있다. 뜻은 전쟁을 수행하는 원칙에 비추어서 승리가 확실시되면 임금이 싸우지 말라고 해도 반드시 싸워야 하며, 전쟁을 수행하는 원칙에 비추어서 승리할 수 없다고 판단되면 임금이 반드시 싸우라고 해도 싸워서는 안 된다. 또한 자신의 명예와 공을 탐하여 전투에 임해서는 아니 되며 문책이 두려워 물러나야 할 때를 상실하면

---

94) 앞의 책, p.190.

안 된다. 오로지 백성들을 보호하고 임금도 이롭게 하는 가치판단 기준에 따라 행동하는 사람이 진정한 국가의 보배와 같은 존재라는 가르침이다.

이는 이순신 장군이 조선 중기의 혼탁한 사회, 만언봉사에 언급된 바와 같이 실공이 없는 조선 중기사회를 살면서도 한 사람의 진정한 선비로서, 국방에 종사하는 공직자로서, 시류에 편승하거나 현실과 타협하지 않고 가슴 깊이 새기고 일생 동안 일관성 있게 목숨을 걸고 실천한 원칙이다. 1598년 12월 16일 임진왜란 마지막 전투 노량해전에서 소임을 다하고 전사하고 몸은 떠났으나 장군의 정신은 한민족 역사 속에 영원히 살아서 생명을 발하게 되었다.

대한민국 수도 심장부에 위치한 이순신 장군 동상이 이를 너무나 잘 보여주고 있다. 이는 「논어」에 "독신호학 수사선도篤信好學 守死善道"[95], 즉, 돈독한 신념을 갖고 공부하기를 좋아하고 죽기를 무릅쓰고 도를 행한다는 가르침에 충실한 삶의 전형적인 모습이라고 볼 수 있다. 이순신과 전장을 함께한 명나라 진린 도독은 이를 "경천위지지재, 보천욕일지공經天緯地之才 補天浴日之功"[96]이라고 칭송했다.

당시 28세의 늦은 나이에 무과에 급제하고 32세가 되어서야 관직을 제수해 공직생활을 시작했지만 시종일관 원칙에 충실한 삶을 살았다. 한 사람의 가장으로서, 나라를 지키는 무관으로서 직위가 낮을 때나 높을

---

95) 이기동 역해, 「논어 강설」(서울, 성균관대학교 출판부, 2009), p.298.
96) 하늘과 땅을 마음대로 주무르면서 천하를 경영할 역량을 구비하고, 나라를 위기에서 구한 뛰어난 공을 세운 인물.

때나, 괴로울 때나 즐거울 때나, 한결같은 마음자세를 유지한 것이 '이순신 정신'[97]이라고 볼 수 있다. 공직자를 포함하여 직장인, 현대를 살아가고 있는 우리 모두가 '이순신 정신'을 계승하고 자신의 직분을 수행하면서 되새기고 명심해야 할 귀중한 가르침이다.

이순신 장군의 명량해전[98]을 소재로 한 영화 〈명량〉이 2014년 7월에 개봉되어 1,500만 명을 상회하는 사상 초유의 관람객 수를 동원하면서 한국 사회에 이순신 신드롬을 불러오고 있다. 이는 병리현상이 심한 한국 사회에서 과거의 국난을 극복한 영웅을 그리워하고 '이순신 정신'을 제대로 계승한 지도자가 나타나고 국민들도 마음의 각오를 새롭게 하자는 반성의 결과가 아닐까 생각해 본다.

이를 현대적으로 재해석하면 조직 내 상하관계에서 공적인 업무를 추진하면서 상명하복의 원리가 작동하지만, 사고와 행동의 궁극적 기준은 상관의 명령이 아니라 보다 큰 차원의 조직 생존 원칙과 윤리가 되어야 한다는 것이다. 특히, 그 명령이나 지시가 법과 규정에 어긋나고 공익에 반할 경우에는 "지당하십니다.(Yes!)"보다는 "아니 되옵니다.(No!)"라고 하고, 잘못을 적극적으로 바로잡아야 진정한 역할을 다하는 것이라고 볼 수 있다. 이것을 충성忠誠이라고 한다. 그러나 한국 사회는 이와는 정반대의 행태가 만연하는 사회가 되고 말았다. 전통적 의도불의인依道不依人 정신과 올바른 충성忠誠의 의미가 왜곡되고 있다. 개인 및 집단의 배

---

97) 이순신 장군이 일생동안 지키면서 후세에 남긴 정신적 유산.
98) 1597년 정유재란 시 이순신 장군이 전남 진도군 명량 해협 에서 12척의 함선으로 왜선 130여 척을 격파시킨 해전.

타적 이익 보존과 극대화에 필요한 영혼 없는 체제순응형 인간이 바람직한 것으로 자리잡았다. 고분고분하고 다루기 쉬운 인물, 부당한 지시나 명령도 군말 없이 무조건 따라하는 기계적 인간을 선호하는 풍토가 확산되었다. 충성보다는 복종, 복종보다는 맹종하는 사람을 선호하는 풍토가 확산되었다.

이는 일제 식민지 유산의 잔재이기도 하다. 제국주의 일본은 모든 백성들을 신민臣民으로 전락시켜 천황을 중심으로 하는 상명하복의 절대복종체제를 정립했다.[99] 맹목적 상명하복체제의 한계와 폐해는 군국주의 일본의 패망 역사가 잘 말해주고 있다.[100] 불행하게도 이와 같은 일제 강점기의 부정적 유산이 광복 후 70년이 지난 지금까지 아직도 한국 사회에 남아 있다.[101]

자연계의 작동 원리는 새롭게 태어난 생명체는 부모 세대를 따라서 보고 배우면서 생존법을 익히고 살아남고 또 이를 후세에 물려주면서 세대와 세대가 이어진다. 사람도 마찬가지다. 윗물이 맑아야 아랫물이 맑고, 콩 심은 데 콩 나고 팥 심은 데 팥이 날 수밖에 없다.

---

99) 메이지 유신 이후 일본은 교육칙어와 군인칙유를 제정하여 학교교육과 군대훈련과정을 통하여 전 국민과 군대가 천황에 대하여 절대적인 순종을 강조하는 상명하복체제를 확립하였다.

100) 이창위, 「우리의 눈으로 본 일본제국주의 흥망사」(서울, 궁리출판, 2005), p.189-204.

101) 경직된 상명하복 문화는 군대, 전투경찰 등 특별권력관계에 있는 조직일수록 심하게 나타나고 있다. 이는 해방 후 국군이 창설되면서 일본군 출신이 창설 주역이 되고 일본식 군대문화를 무비판적으로 수용한 탓이기도 하다. 현재도 병영 전반에 잔존하고 있는 구타, 가혹행위 등 각종 부조리는 그 뿌리가 일본제국주의 군대문화이다. 하루속히 청산되어야 할 것이다.

세월호 사고를 보면 400명이 넘는 승객이 탄 배가 기울고 있는데, 칠순을 바라보는 선장이 나부터 살고 보자고 제일 먼저 배를 탈출했다. 승객 중에는 다음세대를 책임질 고등학생들이 300명 넘게 타고 있었다. 부모님, 선생님, 어른들 말씀은 존중하고 잘 듣고 따라야 한다는 말이 당위성을 잃는 순간이다.

또한 세월호 선장의 경우 사고 후 '의도불의인' 원칙을 적용하여, 현장에서 선장으로서 리더십을 발휘하면서 적합한 조치를 취하기보다 사고 해역으로부터 멀리 떨어진 인천에 있는 본사와 불필요한 통화를 하면서 인명구조와 직결된 황금 같은 시간을 낭비했다고 한다. 사장이 무슨 지시를 하던, 회사의 영업방침이 그 무엇이던 간에, 사고발생 시 선장의 최우선 임무는 승객의 안전과 인명구조를 위한 조치 외에 다른 것은 부차적인 문제이다. 선장의 지휘 아래 일사분란하게 긴박한 상황 속에서도 침착함을 유지하면서 상황 보고, 구명조끼 착용, 구명정 전개, 퇴선 명령과 안내 방송 및 질서정연한 탈출 지도, 구조 등이 이루어졌다면 희생이 최소화되었으리라고 안타까움을 토로해본다.

또한 선장의 지휘 능력이 미흡하다고 판단되면, 10명이 넘는 간부 선원 중에서 단 한 명이라도 선장에게 올바른 건의를 하고, 여의치 않으면 직접 함교에 구비된 방송 장치를 활용하여 비상조치를 했었더라면 어린 학생들의 희생을 최소화할 수 있었다고 한탄해본다.

그리고 '의도불의인' 정신을 가장 이상적으로 보여준 이순신 장군과 같은 위대한 영웅을 두고 '이순신 정신'을 이어온 후손들이 왜 그러한 정신을 현대적으로 계승하지 못할까 하는 자괴감도 느끼게 된다.

이와 같은 원칙이 정립되고 가르침이 후세에 전해지는 것은 무슨 일이던 현장 책임자가 변화하는 상황을 가장 빨리 알고 적합하게 대처할 수 있기 때문이다. 이는 현대적으로 특히, 군대, 경찰, 소방 분야의 지휘관, 항공기 기장, 선박의 선장, 기관사 등 다수의 생명과 안전을 책임지는 직종에 종사하는 사람들이 유사 사고 방지를 위해 반드시 새겨야 할 교훈이다.

• 부정부패, 비리 확산

가치관이 전도되고 황금만능주의가 확산됨에 따라 돈을 벌기 위해서는 수단과 방법을 가리지 않고 부정부패, 비리행위도 마다않는 풍토가 만연하였다.

『순자』에 "군자욕리이 불위소비君子欲利而 不爲所非"[102]라는 가르침이 있다. 군자는 이익을 바라는 욕구를 충족함에 있어 비리를 따르지 않는다는 의미로, 정당하지 못한 이익 추구는 군자가 해서는 안 되는 일로 전해지고 있다.

또한 『논어』에 "군자지능이 공의승사욕야君子之能以 公義勝私欲也"[103]라는 가르침이 있다. 군자는 공의에 입각해서 사사로운 욕심을 이겨낸다는 뜻이다.

현대적인 의미는 올바른 시민은 개인적 이익에 대한 욕구는 있지만 부당하게 이를 추구하지는 않으며, 공적인 의로움을 우선하여 사사로운 욕심을 극복한다는 것으로 볼 수 있다.

그러나 한국 사회는 전직 대통령이 재임기간 중 부당하게 많은 재산을 축적하여 법의 심판을 받는가 하면, 기업인들이 세금 탈루, 비자금 조성, 뇌물 공여 등 각종 비리에 연루되어 재판을 받고, 국가안보를 책임진 군 고위 장성이 비리에 연루되어 물의를 일으키고, 지성과 양심의 보루 역할을 해야 할 대학교수들이 연구비를 횡령하고 학문과 연구 활동을 자신

---

102) 순자 지음, 김학주 옮김, 『순자』(서울, 을유 문화사, 2009), p.91.
103) 위의 책, p.86.

의 사욕추구에 활용하는 사례까지 나타났다.

또한 사람의 질병과 생명과 관련된 업무를 취급하는 분야인 의료계에도 이익의 극대화를 추구하며 과잉진료 행위가 나타나고, 나아가서 가장 신성해야 할 종교단체가 세속화되어 이권에 개입하고 호화 대형교회 건축, 교회세습이 나타나기도 했다.[104]

사회정의와 공정성의 보루 역할을 해야 할 경찰이 비리에 연루되고, 법에 의한 공익 구현의 마지막 보루가 되어야 할 법조계에서도 전관예우, 유전무죄, 무전유죄로 상징되는 사법비리가 나타났다. 또한, 스포츠 정신과 페어플레이의 모범이 되어야 할 체육활동에도 부당한 이익을 위해 승부조작도 거리낌 없이 행하는 체육계 비리가 확산되었다.

기타 의 · 식 · 주와 관련된 각종 인 · 허가 과정, 건설 및 공사 현장에도 다양한 비리가 나타났다. 정치, 경제, 사회, 군대, 대학, 종교. 스포츠 등 사회 전반에 걸쳐 마치 암세포가 온몸으로 전이되듯이 부정부패와 비리가 한국 사회 전반으로 확산되었다.

> 법과 원칙, 정도가 통용되는 세상에서는 가난하고 천하게 사는 것이
> 부끄러운 일이고, 법과 원칙, 정도가 무너진 세상에서는
> 부유하고 귀하게 사는 것이 부끄러운 일이다.
> (邦有道 貧且賤焉 恥也, 邦無道 富且貴焉 恥也)[105]
> – 논어–

---

104) 한용상, 「교회가 죽어야 예수가 산다」(서울, 해누리 기획, 2001), p.93-95.
105) 이기동 역해, 「논어 강설」(서울, 성균관대학교 출판부, 2009), p.298.

위 표에서 제시된 내용과는 다르게 한국 사회는 "법과 원칙, 정도가 무너진 세상에서 수단과 방법을 가리지 않고 돈을 벌어 부유하고 귀하게 사는 것이 최고이다."라는 왜곡된 사고방식이 지배하게 되었다. 이치에 어긋나면 무리가 되고 도리를 벗어나면 비리가 된다.

「육도삼략」에 "속으로는 탐욕스러우면서 겉으로는 청렴결백한 체하며, 공적이 없는데도 거짓으로 명예를 얻고, 거짓으로 공손한 체하면서 겉으로 정직한 얼굴을 띠고 고위직을 차지하면 세상에 도적이 일어나게 되는 단서이다.(內貪外廉, 詐譽取名, 飾躬正顔, 以獲高官, 是謂盜端)"[106]라고 했다. 고전에 제시된 사회의 부정부패 현상을 경고하는 교훈이다.

세월호 사고의 원인도 궁극적으로 분석해보면 천재지변의 불가항력적 요인보다 한국 사회의 이와 같은 병리현상이 누적되어 초래한 인재라고 볼 수 있다. 선박운항과 관련된 대한민국의 모든 기관과 조직 구성원 중에서 어느 한 곳만이라도 모든 업무를 수행하면서 이익보다 이치를 중시하고 무리보다 도리에 입각하여 제 위치에서 제 몫을 다하는 자세로 올바르게 행동했다면, 사고는 발생하지 않는다. 율곡 선생이 만언봉사에 언급한 것처럼, 실공이 없는 상태에서 부실이 축적되고 누적되어, 총체적 부실상태에 도달하니 사고는 필연적으로 발생하는 것이다.

소탐대실小貪大失[107]이 의미하듯, 사회 구성원들이 각자 눈앞의 개인 이익만 추구하다 보면 이는 곧 부메랑이 되어 보다 큰 사회적 의로움과 공동체의 전체 이익은 손상될 수 있고 결국에는 개인의 피해로 돌아오게

---

106) 이상옥 역해, 「육도삼략」(서울, 명문당, 2007), p.545.
107) 작은 것을 탐하다가 큰 것을 잃게 된다는 뜻.

된다는 사실을 알아야 한다. 인간은 혼자서는 생존할 수 없는 사회적 동물이기 때문이다.

• 이기주의, 쾌락 추구 풍토 확산

서구의 자유민주주의체제와 시장경제체제는 개인의 자유와 시장의 자율기능을 기반으로 탄생된 정치, 경제 체제이다. 개인주의란 각 개인의 인권과 인격이 존엄하며 나의 인격과 인권이 중요한 만큼 상대방의 인격과 인권도 중요하다는 사실을 전제로 한다. 그리고 개인의 존엄과 자유가 보장되면서 공동체의 조화와 공존을 지향하는 것이 민주공화체제의 기본이념이며 정신이다. 이에 반해 이기주의는 다른 사람의 권익을 침해하더라도 나 자신의 이익만 소중하다는 관점이다. 개인주의와 이기주의는 성격이 다른 것이다.

또한 서구 근대자본주의의 근본정신은 막스 웨버Max Weber가 그의 저서 「프로테스탄티즘 윤리와 자본주의 정신」에서 제시하였듯이, 직업에 대한 소명의식, 검약과 절제를 통한 부의 축적 등 청교도적 정신이 포함되어 있다.

이와 같은 맥락에서 한국도 1970년대 중반부터 '근면, 자조, 협동'[108]을 기본정신으로 하는 새마을 운동을 대대적으로 전개한 바 있다. 농촌을 중심으로 추진되다가 도시 공장으로 확대된 새마을 운동은 한국 근대화에 기여한 바가 크다.

또한 개인주의는 한국 사회가 전통적 농업중심사회에서 산업사회로 전환되면서 대가족 제도가 붕괴되고 핵가족화하면서 발생한 불가피한 사회 현상이기도 하다.

---

108) 한국이 1970년 중반부터 시작한 새마을 운동의 3대 정신임.

그러나 한국 사회는 이와 같은 개인의 존엄과 자유, 인권에 기초한 민주공화제도와 근면하고 성실한 노동을 통한 깨끗한 부의 축적을 지향하는 자본주의 정신을 깊이 있게 내면화하여 지속적으로 계승 발전시키지 못하고, 자유가 방종으로, 개인주의가 이기주의로 자본주의가 수단과 방법을 가리지 않고 돈을 벌고 자본을 축적하여 자신의 욕망과 탐욕을 충족시키고 쾌락을 추구하는 것이 자본주의 정신인 것처럼 천민자본주의의 형태로 왜곡되었다.

이른바 4S(Sports, Sex, Screen, Smart)[109]로 상징되는 사회에 만연하는 무절제한 사행성 게임, 도박, 음주, 성 도덕 문란, 영상물, 스마트 기기 사용,해외여행, 과소비를 조장하고 자극하는 과잉광고 및 관련 사업의 번창은 한국 사회의 쾌락 추구 문화의 현주소를 짐작케 한다. 또한, 과잉섭취로 인한 비만, 과잉진료에 따른 사회적 낭비와 부작용이 확산되고 있다.

또한 농경사회의 대가족 제도가 급격히 해체되고 핵가족화하였다. 최근에는 1인 가족이 늘고 이혼율이 증가하며, 출산율이 저하되고, 가족 간의 재산분쟁도 증가하는 등 이기주의와 쾌락추구 풍조가 초래한 사회적 부작용이 나타나고 있다.

이는 만언봉사에서 7번째 병폐로 제시된, "백성들의 마음이 선善으로 향하지 않고 제멋대로 행동하고 악을 좇은 것(人心無向善之實, 放辟爲惡依舊也)"[110] 에 비유할 수 있다.

---

109) 중앙일보, 2015. 8. 17(월). p.30.
110) 율곡 이이 글, 강 세구 엮음, 「만언봉사, 목숨을 건 직설의 미학」(경기도 광명 :꿈이 있는 세상, 2007), p.176-179.

5. 한국 현대사 70년 성찰과 새로운 각오

역사란 현재와 과거의 끊임없는 대화이다.
-E. H Carr-

동으로 거울을 만들면 얼굴을 비춰볼 수 있고,
역사를 거울삼으면 왕조 교체와 흥망성쇠의 교훈을 알 수 있으며,
사람을 거울삼으면 자신의 허물을 바로잡을 수 있다.
-당 태종 이세민-

사회란, 현재 그 시대를 살고 있는 사람들만의 상호관계가 아니라,
과거에 살다가 죽은 사람들, 그리고 미래에 태어날 사람들과의 상호관계이다.
-Edmund Burke-

영국의 역사철학자 카E. H Carr는 그의 명저 「역사란 무엇인가」에서 "역사란 현재와 과거와의 끊임없는 대화"[111]라고 했다. 과거의 일은 과거 역사로 끝나는 것이 아니고 현재를 살고 있는 사람들에게도 지속적으로 영향을 미친다. 따라서 지속적인 대화를 통해 반성과 교훈을 도출하여 현재의 삶을 돌아보아야 한다.

---

111) E. H. 카아 저, 황문수 역, 「역사란 무엇인가」(서울, 범우사, 1987), p .13.

또한 당나라 시대 태평성대로 칭송되는 정관지치貞觀之治[112] 시대를 이룩한 태종 이세민은 "동으로 거울을 만들면 의관을 단정히 할 수 있고, 고대 역사를 거울삼으면 천하의 흥망과 왕조 교체의 원인을 알 수 있으며, 사람을 거울로 삼으면 자기의 득실을 분명히 알 수 있다."[113]고 하고 항상 세 가지 거울을 명심하고 정관지치의 위대한 업적을 이루었다.

영국의 정치철학자 버크Edmund Burke는 "사회란, 현재 그 시대를 살고 있는 사람들만의 상호관계가 아니라, 과거에 살다가 죽은 사람들, 그리고 미래에 태어날 사람들과의 상호관계이다."[114]라고 했다.

국가 사회공동체가 영속성과 지속가능한 성장을 유지하기 위해서는 과거─현재─미래를 동시에 조망하면서 현실의 문제점을 냉철하게 진단하고 개선해 나가야지 오로지 현재 그 시대를 살고 있는 사람들만의 이익을 극대화하는 것에 치우치면 반드시 문제가 발생하며, 과거의 역사적 교훈을 망각하고, 현실에 안주하면서 자식 세대와 미래 세대에 대한 배려가 없고 그에 대한 걱정도 안 하는 사회는 지속가능성이 없다는 교훈이라고 볼 수 있다.

한국 사회는 그간 경제성장과 관련하여 성취한 성과와 업적도 크지만

---

112) 당나라 황제 태종 이세민의 통치시대를 지칭하는 말, 당시 연호 정관을 따서 "정관지치"라고 한다. 황제가 뛰어난 리더십을 발휘하여 태평성대를 이룬 것을 지칭하는 의미로 사용되기도 한다.

113) 오긍 지음, 김원중 옮김,「정관정요」(경기도 파주, 글항아리, 2010), p.24.

114) DAVID p.BARASH, CHARLES p.WEBEL, PEACE AND CONFLICT STUDIES, LONDON : SAGE, 2002, p.17. society is a partnership "not only between those who are living, but between those who are living, those who are dead, and those who are to be born."

지금까지 앞에서 언급한 병리현상뿐만 아니라 최근에는 경제성장이 둔화되고 저성장 기조가 지속되고, 청년 실업률이 우려할 정도로 높아지는 등 경제사회 전반이 정체되고 활력이 떨어지는 위기상황에 직면하고 있다.

세계화되고 개방된 글로벌 경제체제하에서 여러 가지 원인이 있겠지만, 필자의 개인적 견해는 위에서 언급된 한국 사회의 제반 부정적 병리현상이 중요 원인 중 하나가 아닌가 생각한다. 경제 재도약을 위해서는 경제학적 관점에서 미시적, 거시적 경기활성화 정책과 수단이 기본적으로 강구되어야 하겠지만 경제 외적인 요소도 간과되어서는 안 된다.

이는 마치 컴퓨터에 불필요한 자료가 누적되고 바이러스에 오염되어 본래의 처리속도가 현저히 떨어지고 있는 상황이라고 볼 수 있다. 컴퓨터의 성능 회복과 효율성 제고를 위해서는 대대적인 청소와 포맷이 요구되는 것과 유사하다.

또한 맥주도 빨리 따르게 되면 거품이 많이 발생하게 되고 음식도 빨리 먹으면 체할 수 있는 것과 같이, 이는 한국 사회가 성장 발전하면서 파생된 역사적 노폐물이 누적된 구조적 문제점으로 볼 수 있으며 지엽적이고 단편적인 대증요법으로는 해결될 수 없는 근본적 총체적 접근이 필요한 과제라고 생각된다.

또한 인체의 면역체계에 문제가 있어서 피부에 상처가 자주 생기는데 생겨난 상처 부위만 도려내고 봉합한다고 해서 또 다른 상처가 생기는 것을 방지할 수 없는 것과 같다. 일시적으로 생겨난 상처를 치료함과 동시에 체질을 개선하고 면역력과 자연치유력을 강화해야 새로운 상처가 더 이상 생기지 않게 된다.

한국 사회의 현실을 한 번 더 직시해보자. 지금까지 논의된 현대 한국 사회의 여러 병리현상과 문제점들이 이율곡 선생이 500년 전에 경고한 조선 중기의 사회적 병폐와 너무나 비슷하지 않는가. 우리는 역사의 냉엄한 교훈을 망각하고 500년 전의 선조들이 범했던 무사안일과 시행착오를 반복하고 있지는 않은지 냉철하게 되돌아봐야 한다.

만언봉사의 교훈을 망각하고 조선시대와 21세기는 근본적으로 다르다고 외면하면서 한국 사회가 지닌 엄연한 문제점을 덮어버리고 만언봉사 이후 조선 사회가 범했던 실책을 되풀이하면 반드시 위기가 도래한다는 것이 역사의 법칙이다.

조선 중기 역사의 교훈을 거울로 삼아 제2의 임진왜란, 제2의 병자호란, 제2의 일제강점과 같은 비극이 재발되지 않도록, 광복 70년, 분단 70년을 맞으면서 현대를 살아가고 있는 한국 사회의 구성원 모두가 겸허한 성찰이 필요한 때이다.

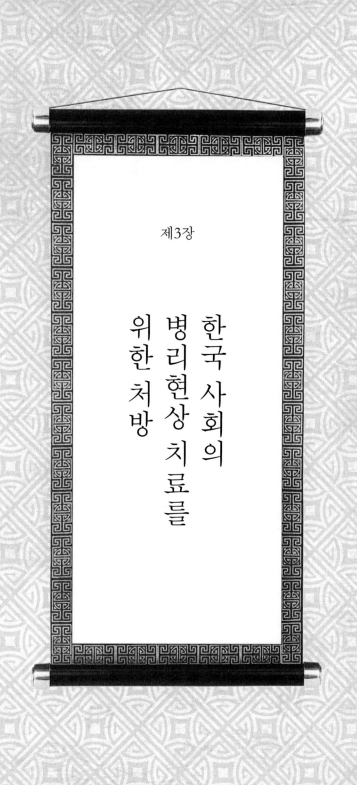

제3장

한국 사회의
병리현상 치료를
위한 처방

1. 국가 사회 발전 철학 및 전략 재조명

국가흥망지도國家興亡之道	
흥국지도興國之道	망국지도亡國之道
• 천하대도天下大道 • 덕본재말德本財末 • 선의후리先義後利 • 선공후사先公後私 • 민신民信, 족식足食, 　족병足兵 • 대동사회大同社會	• 천하무도天下無道 • 재본덕말財本德末 • 선리후의先利義後 • 선사후공先私後公 • 무신無信, 빈식貧食, 　약병弱兵 • 재앙사회災殃社會

철학 없는 정치, 도덕 없는 경제, 노동 없는 부富,
인격 없는 교육, 인간성 없는 과학, 윤리 없는 쾌락, 헌신 없는 종교.
-간디-

　동아시아 문명의 흥망성쇠와 관련하여 고대로부터 유구한 역사적 검증을 거쳐서 현대까지 귀중한 고전으로 전해지는 유가사상의 핵심내용과 교훈은 천하에 큰 도가 행해지고 사회구성원들이 인간적 가치를 재물보다 중시하며, 개인의 사적인 이익보다 공동체의 공적인 의로움을 우선시하고, 백성들이 건전한 가치관과 신뢰를 구비하고, 풍족한 경제와 튼튼한 군대가 유지되면 사회는 단결되고 국가는 흥하게 된다. 반대로 천하에 큰 도가 행해지지 않고, 사회구성원들이 인간적 가치보다 재물을 우선시하며, 공동체의 공적인 의로움보다 개인의 사적인 이익을 우선시하고, 백성들의 가치관이 왜곡되고 신뢰가 무너지면 사회는 재앙에 직면하고 국가는 망하게 된다는 것이다.

또한 「공자가어」 '예운' 편에 "큰 도가 행해질 때는 사람들이 천하를 모두 공으로 삼지만(大道之行 天下爲公), 큰 도가 은폐되면 사람들은 천하를 사가로 삼는다(大道旣隱 天下爲家). 천하 위가의 세상이 되면 사람들은 각 개인이 자기 아버지만 아버지로 여기고 자기 자식만 자식으로 여기며, 재물이란 재물은 모두 자기 한 몸만을 위해 모으고 사용하며, 힘들고 어려운 일은 자기가 하지 않고 모두 남에게 넘겨버린다.(各親其親, 各子其子. 貨則爲己, 力則爲人)"[1]라고 했다.

또한 "대동사회가 되면 어질고 유능한 사람은 버려지지 않고 반드시 적재적소에 활용되고, 혈연에 얽매이지 않고 모든 사람을 가족처럼 여기며, 젊은이는 모두가 일 할 수 있는 완전고용 상태가 되며, 노인은 편안하게 노후를 보내고, 노약자, 병자, 어린이 등 사회적 약자는 부양되며, 길거리에 재물이 떨어져 있어도 자기 것이 아니면 줍지 않는 상태가 된다."고 했다. 반대로 재앙사회가 되면 "세상 사람들이 자기 아버지만 아버지로 여기고 자기자식만 자식으로 여긴다. 재물이란 재물은 모두 자기 한 몸만을 위해 모으고 사용하고 어렵고 힘든 일은 자신이 하지 않고 남에게 미룬다. 사회 지도층과 공직자들은 대대로 후하게 녹을 타먹는 것을 당연하게 여기고, 성곽만 높이 쌓고 도랑만 깊게 파는 쓸데없는 일만 벌인다."[2]는 것이다.

---

1) 도올 김용옥, 「중용 인간의 맛」(서울, 통나무, 2012), p.16.
2) 위의 책, p.17.

국가가 흥하는 길과 망하는 길을 제시하고 바람직한 공동체의 모습과 그 반대의 모습을 잘 제시하고 있다.

또한 인도 독립과 건국의 아버지로 추앙받고 있는 간디는 국가를 망하게 하는 7가지 악덕으로 "철학 없는 정치, 도덕 없는 경제, 노동 없는 부, 인격 없는 교육, 인간성 없는 과학, 윤리 없는 쾌락, 헌신 없는 종교."[3]를 제시했다.

도덕과 윤리의식이 없어지고 가치관이 전도되어 정치, 경제, 사회 등 국가 사회 전반에 왜곡현상이 심화되면 사회는 분열되고 마침내 국가가 망하고 만다는 것이다.

이와 같은 관점과 맥락에서 한국 사회는 과연 국가가 흥하는 길로 가고 있는지, 망하는 길로 가고 있는지, 대동사회로 가는지, 재앙사회로 가고 있는지, 한국 사회의 구성원 모두가 대오각성大悟覺醒, 심기일전心機一轉이 요구되는 시기이다.

필자가 우국충정의 심정으로 21세기 한국의 천하대도의 모습을 다음과 같이 정리해서 제시한다.

---

3) EBS 자본주의 제작팀, 정지은 · 고희정, 「자본주의」(서울, 가나문화 콘탠츠, 2013), p.386.

21세기 천하대도天下大道

첫째, 한국 사회는 국가발전 방향, 구체적 목표와 비전이 설정되어 있는가?

둘째, 국민들의 생각과 행동을 좌우하는 건전한 가치체계가 정립되어 있는가?

셋째, 공자가 언급한 민신民信, 족식足食, 족병足兵의 현주소는?

넷째, 철학 있는 정치, 도덕 있는 경제, 노동 있는 부, 인격 있는 교육, 인간성 있는 과학, 윤리 있는 쾌락, 헌신 있는 종교가 각각 제 위치에서 제 몫을 다하며 국가 사회 발전에 기여하고 있는가?

우선 개인이던 국가이던 목표의식이 명확하게 있어야 삶의 의욕이 생기고 동기부여가 되며, 비전이 있어야 미래에 대한 희망을 갖고 한 방향으로 노력을 집중할 수 있다. 또한 목표와 비전과 관련하여 국민들의 공감대가 이루어지고 건전한 가치체계가 정립되어 있어야 사회구성원들의 통합을 이룰 수 있다. 이를 바탕으로 상호신뢰, 경제적 풍요, 튼튼한 국방이 가능하다.

또한 국가 사회가 지속가능한 성장 발전이 계속되기 위해서는 일회성 한시적이 아닌 인간의 본질과 존엄성에 대한 철학적 깊이와 도덕 윤리적 명분과 정당성이 구비된 정교한 사상체계가 사회 전 분야에 정착되어야 한다.

이와 같은 것이 제대로 정립되고 행해지는 모습이 현대적 대도大道가 이행되는 것이라고 본다.

2. 국가 발전목표와 비전 구체화

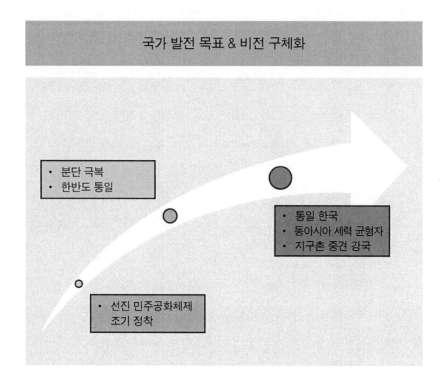

한국이 처한 당면과제는 1948년 헌법제정 이후 채택된 민주공화체제를 더욱 성숙시키고 조기에 선진국 수준으로 정착하는 것이다. 한국 사회는 민주화를 달성하고 국민들의 인권과 자유가 많이 개선되었으나 아직도 사회 구석구석에 비민주적 요소가 남아 있다. 민주民主이념과 공화共和이념이 올바르게 이해되고 사회 곳곳에 제대로 뿌리를 내려야 진정한 민주공화제가 이룩된 것으로 볼 수 있다.

외형적으로는 민주공화제를 외치면서 사회 구성원 각자의 가치관, 생각과 행동의 유형은 비민주적 요소로 가득한 표리부동한 사회는, 이율곡 선생이 만언봉사에서 언급한 실공實功이 없는 조선 중기사회와 다를 바 없다.

다음 과제는 분단을 극복하고 한반도 통일을 달성해야 한다. 5000년이란 오랜 기간 동안 인종적, 역사적, 문화적 동질성을 함께한 민족이 언제까지 분단과 갈등을 지속하면서 민족적 에너지를 소모하며 지낼 것인가, 누구를 위한 분단이며, 왜 분단이 지속되어야 하는가, 더 이상 머뭇거리지 말고 과감하게 추진해야 한다.

다음 과제는 통일한국이 중국, 일본, 러시아, 미국 등 한반도를 둘러싼 동아시아 열강들의 틈바구니 속에서 세력균형자로서의 역할과 존재감을 확실히 하고 나아가서 지구촌 중견강국으로서 역할과 위상을 견고히 해야 한다. 한반도가 통일되면 인구, 기타 국가 사회적 규모면에서 현재의 통일된 독일과 비슷하다. 달성 불가능한 허황된 목표와 비전이 아니다.

3. 새로운 한국을 위한 새로운 패러다임 정착

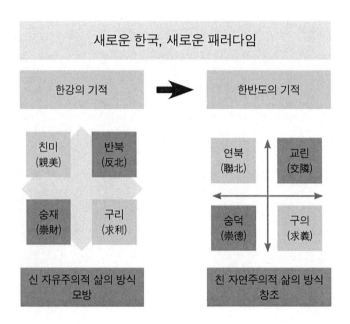

현대 한국사 70년을 패러다임 시각에서 요약하면, '친미親美, 반북反北, 숭재崇財, 구리求利'라고 할 수 있다. 즉 한미동맹을 기반으로 하여 북한의 위협에 대응하면서 경제성장을 국가정책의 우선에 두고 이익을 극대화하기 위해 살아온 세월이라고 볼 수 있다. 이로 인한 병폐는 앞에서 논의된 바와 같다.

그리고 지금까지 소위 서구의 잘 사는 국가들의 삶의 방식인 '신 자유주의적 패러다임'을 부지런히 좇아서 경제협력개발기구(OECD)에 가입하여 이들과 어깨를 나란히 하게 되었다. 그리고 한강의 기적이라는 칭송도 받았다.

2015년 광복 70년에 경제지표로 바라본 한국 사회는 국내총생산 (GDP) 3만 1000배 증가, 1인당 국민총소득(GNI) 420배 증가, 수출액 세계 7위, 경제규모 세계13위를 자랑하는 국가가 됐다.[4] 실로 눈부신 성장과 발전을 이루었다.

그러나 개인의 자유, 과학기술의 중시, 재물숭상, 화석연료 활용, 인간의 편의를 위해서는 자연의 희생도 감수하는 근대 서구문명이 부작용도 많이 있다는 것이 드러났다. 또한, 이와 같은 '우리도 한번 잘 살아보자 (Fast Follower)'는 패러다임이 갖는 한계는 서구를 따라가고, 모방하고 경쟁하면서 어느 수준까지는 목표달성이 가능하지만, 수준이 올라갈수록 선진경제대국들의 견제가 심하고, 수준이 비슷한 국가들 간 경쟁이 치열하고 난관에 봉착하게 된다. 껍질이 깨어지는 아픔이 있어야 병아리가 태어날 수 있듯이, 한 단계 더 도약하기 위해서는 기존의 틀을 벗어나 획기적인 새로운 패러다임이 필요하다. 만언봉사에서 언급된 궁즉변窮則變의 교훈이 오늘날 한국 사회에 진정 필요한 것이라고 본다. 따라서 새로운 한국은 서구의 장점을 취사선택하여 좋은 점은 더욱 계승하되, 모방하고 따라가는 기존의 틀에서 벗어나 '우리도 한번 새로운 길을 제시하자(First Mover)'는 창조의 자세로 '연북聯北,[5] 교린交隣,[6] 숭덕崇德,[7] 구의

---

4) 중앙일보, 2015.8.17(월), p.30.
5) 북한과 화해협력을 통해 교류를 증진하고 공동이익을 증진시키는 정책.
6) 한반도의 지정학적 위치가 주는 이점을 극대화하기 위해 세계의 모든 관련국가와 선린우호관계를 정립하는 정책.
7) 인간의 존엄성과 생명 존중을 우선하는 덕을 숭상하는 가치관 정립 정책.

求義[8]'의 패러다임으로 새롭게 태어나야 한다.

즉 북한과 적대관계를 청산하고 교류협력하면서, 지구촌 모든 국가와 선린 우호관계를 정립하고, 덕을 숭상하고, 의로움을 구하는 선진문화강국으로 거듭나서, '한강의 기적' 수준에 만족하지 말고, '한반도의 기적'[9]을 달성해야 한다. 또한, 이와 같은 삶의 방식이 서구의 신자유주의적 패러다임의 한계를 극복하고 인류에게 새로운 길을 제시하는 대안으로 확산되어야 한다.

선진민주공화체제 조기 정착, 분단 극복과 통일, 지구촌 중견강국을 향한 위대한 여정이 한국 사회의 병리현상을 대중요법으로 일시적, 부분적 치료에 그치지 않고, 병인요법으로 근본 치료하는 올바른 처방이라고 생각한다.

> 진정 위대한 민족은 역사의 들러리 역할을 하는 것에 만족하지 않는다.
> 주인공 역할에도 만족하지 않기는 마찬가지다.
> 그들은 역사에서 다른 어느 민족도 하지 못한
> 유일무이한 역할을 맡기를 원한다.[10]
> —도스토예프스키—

---

8) 이익보다 의로움을 구하는 정책.

9) 한반도가 통일되고 정치, 경제, 사회, 문화 전반에 세계의 모범이 되는 선진문화 공동체가 건설된 성과.

10) CCTV 다큐멘터리 〈대국굴기〉 제작팀 글, 김인지 번역, 「강대국의 조건, 러시아편」(경기 파주, 안그라픽스, 2007), p.15.

위의 표에 제시된 글은 19세기 러시아의 대 문호 도스토예프스키가 남긴 말이다. 진정 위대한 민족은 역사에서 지금까지 어느 민족도 하지 못한 유일무이한 역할을 하는 것이다. 필자는 한민족이 감히 이와 같은 역할을 해야 하고 또한 할 수 있다고 믿는다.

그러나 패러다임 전환(Paradigm Shift)[11]은 쉬운 일이 아니다. 개인과 사회를 막론하고 기존의 사고방식을 깨고 새롭게 태어난다는 것은, 수 십년 동안 자란 나무가 이미 뿌리를 깊게 내리고 성장하여 베어내는 것도 어려운데, 뿌리째 제거하는 일은 더욱 어려운 것과 같다. 이미 형성된 고정관념이나 삶의 방식에 익숙해지고 타성에 젖고, 이에 따른 기득권 계층이 깊게 형성되어 있기 때문이다.

그러나 조선 중기사회의 만언봉사 실패 교훈을 거울로 삼아, 현명하게 이를 극복해야 한다.

---

11) 기존의 가치관, 사고방식, 세계관을 전환하여 새롭게 정립하는 것.

4. 인간 존엄성, 생명 존중을 우선하는 가치체계 재정립

필자는 앞에서 세월호 사고를 비롯한 각종 부정부패 비리와 관련된 사건 사고는 한국 사회의 병리현상이 초래한 사회적 재난이라고 규정했다.

지난 반세기가 넘도록 사람들의 의식세계를 지배해온 황금만능사상과 근시안적 이기주의, 무사안일, 무책임이 누적되어 외부로 사건 사고의 형태로 분출된 것이다. 따라서 먼저, 사람들의 사고와 행동의 기초가 되는 가치관에 대한 근원적 문제를 다시 생각해 볼 때다.

> 오직 돈!(Money first) → 돈 보다 사람!(People first)
>
> "인생에서 가장 중요한 친구"
> 인생에는 친구가 세 명이 있다. 첫 번째 친구는 가족이다.
> 두 번째 친구는 재산이다.
> 세 번째 친구는 그가 세상을 살면서 사회에 베푼 덕이다.
> 그가 죽고 장례식을 치를 때, 두 번째 친구는 장례식에만 참석한다.
> 첫 번째 친구는 묘지까지 동행한다.
> 마지막 친구는 무덤 속까지 영원히 함께한다.[12]
> ―탈무드―

---

12) 마빈 토케이어 저, 김상기 역 「탈무드」(서울, 태종출판사, 1990), p.64-65.

한국 현대사는 돈만 바라보고 돈의 노예가 되어 살아온 세월이라고 해도 지나치지 않다. 이미 언급한 바와 같이 수출액 세계 7위, 경제규모 세계 13위라는 외적 경제지표는 한국의 현 주소를 잘 말해준다. 그러나 자살하는 사람 숫자가 경제협력개발기구(OECD) 중에서 1, 2위를 다투는 불행한 일이 발생하고 있고, 치열한 경쟁과 미래에 대한 불안감이 커지고, 돈은 많은데 행복하지 않다면 분명 무엇인가 잘못되고 있는 것이다.

위 표에서 제시된 "인생에서 가장 중요한 친구" 교훈은 유대인들의 삶의 지혜가 담겨 있는 탈무드에 나오는 가르침이다. 사람이 살아가면서 재산도 중요하고 가족도 중요하지만 가장 중요하고 귀중한 가치는 사람이 의롭게 살면서 사회를 위해 덕을 많이 베풀고 함께하는 삶이라는 가르침이다. 탈무드는 유대인들의 오랜 역사적 경험이 축적된 지혜로운 삶에 대한 지침서이다. 탈무드의 지혜를 거울삼아서 사회 구성원 스스로가 '왜 사는가?', '인생에서 가장 중요한 것이 무엇인가?'에 대한 근본적 성찰을 하고 바람직한 삶의 모습을 재정립하는 계기가 되어야 한다.

따라서 인간의 존엄성과 생명을 존중하는 도덕과 윤리의식을 가치체계의 정상에 복귀시키고(德本, People First), 돈과 재물은 수단가치로 재정립하여(財末) 지속가능한 성장을 추구하면서 정치, 경제, 사회, 문화 등 전 분야의 선진화를 추구하는 새로운 전기를 마련해야 한다.

돈(Money)과 행복	
폴 새무엘슨 교수 (미 MIT 경제학)	**리차드 이스털린 교수** (미 USC 경제학)
• 행복지수 = 소비/욕망 -100/100=1 -500/100=5 -1000/100=10 • 100/50=2 • 100/20=5 • 100/10=10 개인의 소비력은 한계, 욕망의 확대 및 축소가 행복도 결정	• 이스털린의 역설 - 소득이 비례적으로 증가해도 행복이 동 일한 비율로 증가하지는 않는다. 

위 그림은 현대 경제학자들이 돈과 행복에 관하여 연구한 결과이다.
좌측 그림은 미국의 MIT대학 경제학자 폴 새뮤얼슨Paul Samuelson 교수
가 행복을 소비와 욕망과의 관계에서 행복을 측정하는 지수를 개발하여
연구한 결과이다. 핵심 내용은 개인의 소비 능력은 한계가 있고 욕망의
확대와 축소에 따라 행복지수가 달라진다는 결론을 얻었다.[13]

우측 그림은 미국의 USC 대학 경제학자 리차드 이스털린Richard
Easterlin 교수의 소득과 행복에 관한 관계 연구이다. 그는 소득이 비례
적으로 증가해도 행복은 동일한 비율로 증가하지 않는다는 사실을 밝혔
다.[14]

---

13) EBS 자본주의 제작팀, 정지은, 고희정, 「자본주의」(서울, 가나 문화콘탠츠, 2013),
   p.272-273.
14) 위의 책, p.364.

상기 연구 결과가 의미하는 것은 인간의 재물에 대한 욕망은 끝이 없다. 또한 돈이 많다고 행복한 것은 아니며, 불필요한 욕망을 줄이고 어느 정도의 적정한 돈을 소유하고 사람답게 사는 것이 행복한 삶을 사는 최선의 길이라고 제시하고 있다.

노자「도덕경」에 "죄막대어가욕罪莫大於可欲, 화막대어부지족禍莫大於不知足, 지족불욕知足不辱, 지지불태知止不殆, 가이장구可以長久".[15]라는 가르침이 있다.

가장 큰 죄는 욕망을 따르는 것이고, 가장 큰 화는 만족을 모르는 것이다. 만족을 알면 치욕을 당하지 않고, 멈출 줄 알면 위험에 빠지지 않고 오래도록 자신을 보존할 수 있다는 내용이다.

동양고전에 제시된 내용이나 현대 경제학자들이 연구한 내용이 같은 맥락에서 진정한 행복에 이르는 길을 제시하고 있다. 더 늦기 전에 현대 한국 사회를 지배하고 있는 이른바 '오직 돈!(崇財, Money first)' 패러다임에서 벗어나 돈이 중요하기는 하지만 전부는 아니다. '돈보다 사람!(崇德, People first)' 패러다임으로 과감한 전환이 이루어져야 한다.

자신이 처한 위치에서 최선을 다하고, 분수에 맞게 만족을 하면서 재물의 노예가 아니라 재물의 주인으로서, 이웃과 함께 살아가는 삶이 사회적 동물인 인간의 바람직한 삶의 방식이라고 생각된다.

군자역물君子役物, 소인역어물小人役於物의 교훈과, 인자 이재발신仁者, 以財發身, 불인자, 이신발재不仁者, 以身發財의 가르침을 명심하고 현대적으로 새롭게 해야 한다.

---

15) 김학주 역해, 「노자」(서울, 명문당, 2002), p.134-136.

5. 국민 개개인의 주인의식, 주권의식, 책임의식 자각 및 제고

앞에서도 언급했듯이 대한민국 헌법 제1조에 "대한민국은 민주공화국이다. 대한민국의 주권은 국민에게 있고 모든 권력은 국민으로부터 나온다."라고 명시되어 있다. 따라서 이와 같은 헌법 조항과 정신이 제대로 구현되고 국민생활 전반에 올바르게 발휘되어야 한다.

21세기 한국 사회는 전제왕조 시대가 아니라 민주공화체제이다. 대통령을 비롯한 모든 공직자는 법률이 정한 바에 따라 국민 전체를 위해 봉사하고 국민에게 책임을 지는 국민의 머슴들이다.

물론 국민들이 위임한 권력으로 공무를 수행하는 고위공직자의 자질과 리더십이 중요하지만 국민 개개인이 주인의식과 주권의식, 책임의식을 갖고 공동체를 이끌어 가는 기본자세가 민주공화체제 성패와 직결된다. 주인과 머슴 관계가 주객이 전도되면 주인 스스로가 주인이기를 포기하는 것이다.

선출직 공직에 출마하는 정치인들이 달콤하고 유혹적인 인기영합 위주의 공약을 많이 내세우고, 집요하게 물질적 수단을 동원하여 표를 달라고 유혹하더라도 당당하게 자신의 위치에서 주인 노릇을 제대로 해야 궁극적으로 주인이 피해를 보지 않는 것이다.

선출직 공직의 임기는 유한하고 각종 인기영합 위주 정책으로 인해 사회의 자원과 에너지가 낭비되고 빚이 쌓이면 모든 피해는 결국 세금을 내는 국민이 안게 되는 것이다. 결국 모든 성패에 대한 궁극적 책임은 주권자에게 있다는 엄연한 사실을 직시해야 한다.

또한 사회적 신뢰나 투명성은 저절로 달성되지 않는다. 먼저, 사회 구성원 각자가 스스로 믿을 수 있고 투명한 상태가 되어야 한다. 나 한 명 정도 적당히 한다고 문제가 되지 않는다. 내가 하면 로맨스, 다른 사람이 하면 불륜이라는 자세로 부당한 방법으로 사익을 취하고, 뇌물과 금품수수는 모든 일을 순조롭게 처리하기 위한 윤활유라는 생각이 팽배한 사회는 건강한 민주공화체제가 될 수 없다.

그러나 한국 사회는 국가 주도의 경제성장정책이 추진되면서 정부가 앞에서 이끌고 국민들은 따라가는 형태였다. 이른바 상향식이 아니라 하향식이었다. 이와 같은 방식은 초기 경제사회 규모가 작고 단순할 때는 효율성과 성과가 크지만, 규모가 크고 복잡 다양해지면 한계에 봉착한다. 따라서 국민 개개인이 창의성, 자율, 주인의식, 사명감을 갖고 국가 사회 발전을 주도해야 한다.

국민 개개인이 정신을 차리고 나부터 똑바로 하고 공직자들이 올바르게 하는가를 감시, 감독하면서 문제가 있으면 과감하게 고발하고 공직으로부터 분리시켜야 주인이 주인 노릇을 제대로 하는 것이다. 맑고 깨끗하며 흐르는 물에는 부정부패 현상이 발생할 수가 없다. 사회의 온갖 부정부패와 비리는 혼탁한 환경에서 주는 사람과 받는 사람이 있으니 발생하는 것이다.

또한 자신이 어려움을 극복하고 스스로 노력해서 살아가기보다 능력도 없으면서 빚지는 것을 두려워하지 않고, 잘못되면 국가에서 알아서 해결해 주길 바라는 안일한 자세와 도덕적 해이가 심하면 사회는 건강성을 상실한다.

> 국민의 국민에 의한 국민을 위한 정부는
> 지구상에서 결코 사라지지 않을 것이다.
> (government of the people, by the people for the people
> shall not perish from the earth) [16]
> −Abraham Lincoln−

　미국의 링컨 대통령은 "국민의 국민에 의한 국민을 위한 정부는 지구상에서 영원히 사라지지 않고 지속될 것이다."라고 했다. 민주공화제도는 국민이 주인이 되어 유지되어야 함을 간명하게 표현한 유명한 연설문이다.

　이와 같은 맥락에서 주권재민主權在民 정신을 높이기 위해, 우선 그간 잦은 헌법 개정으로 선진민주공화국 헌법과는 괴리가 발생한 현행 헌법의 일부 내용을 개정하여야 한다. 특히, 장기집권의 폐해를 줄이고 독재를 예방한다는 명분으로 개정된 대통령 5년 단임제 권력구조는 시급히 개선되어야 한다.

　국가 사회 규모가 커지고 다양하며 복잡해지고 경제 규모나 형태가 다양하고 세계화된 오늘날 정부가 개혁을 추진하고 일을 제대로 하려면 5년 임기는 합리적이지 않다. 집권에 성공한 특정 세력이 역사적, 시대적 사명감으로, 열심히 해서 한 번 더 기회가 주어지면 동기 부여가 지속되지만, 더 이상 기회가 주어지지 않으면, 사심 없이 일을 하기보다 단 한 번 주어진 집권 기회를 최대한 활용하여 사리사욕을 챙기고 퇴임 후를

---

16)　미국 제16대 대통령을 지낸 링컨이 1863년 11월 19일 게티스버그에서 한 연설문 중 일부. 근대 민주주의의 정수를 표현한 명문으로 널리 알려져 있다.

생각하는 것에 치중하게 된다. 시중에 떠도는 말 중에 "집권 1년차에는 서민들의 술 막걸리를 마시다가, 2년차에는 소주, 맥주를 마시고 3년차부터는 고급양주를 찾게 된다."는 것이다. 시간이 경과함에 따라 집권층의 정신상태가 어떻게 달라지는가를 우회적으로 비꼬는 말이다.

즉 대통령 경력자, 집권 경험자는 양산되고 있는데 일은 제대로 하지 못하는 체제이다. 한국 사회는 이와 같은 장기집권의 폐해를 방지하기 위해 도입된 단기정부제도가 장점보다 단점이 많은 모순이 발생하고 있는 것이다. 이는 구조적으로 결국에는 주권자인 국민들이 피해를 보는 구조다. 이를 개선하여 4년 중임제 권력구조로 바꾸면 폐해를 줄일 수 있다.

또한 현행 승자독식을 기반으로 하는 대통령 선거제도를 고쳐야 한다. 현행제도는 지지율에 상관없이 다수 득표자가 대통령에 당선되고 당선자가 모든 권한을 갖고 국정운영을 책임지는 이른바 승자독식 체제이다. 따라서 선거에 이기기 위해 경쟁과 갈등이 치열하고 낭비가 심하다. 또한 선거 후에도 집권에 성공한 진영과 패배한 상대방 사이에 대결과 갈등이 지속되어 후유증이 계속되는 것이 한국의 현실이다. 특히, 대통령이 각료를 임명하고 내각을 구성하기 위해서는 국회 인사청문회를 거쳐야 하는데 대선에서 패한 상대 당에서 고의적으로 발목을 잡고 시간을 끄는 일이 발생하고, 사사건건 반대를 위한 반대가 남용되는 일이 발생하고 있다. 이로 인해 국정운영의 효율성이 저하되고 낭비와 피로가 누적되어 국민들의 피해만 가중되는 상태이다.

따라서 지지율이 반영된 권력공유 체제로 개선하여, "모든 권력은 국민으로부터 나온다."는 헌법 정신이 올바로 구현되고 국민의 의사가 반영될 수 있어야 한다.

예를 들면 대통령 선거 시에 득표율을 보고 다수 득표자는 대통령, 차점자는 부통령으로 선출한 후, 정부의 중요 공직도 지지율에 비례하여 공동정부 형태로 인선하면 갈등을 줄이고 국정운영의 책임도 공유하고 참여도도 높일 수 있다.

이와 더불어 주권자인 국민들이 집권자들이 성실하게 약속을 지키면서 국정운영을 하는지 감시하여 수시로 공직에서 퇴출시킬 수 있도록, 모든 선출직 공직자를 대상으로 국회의 탄핵소추권제도와 국민소환제도를 더욱 강화해야 한다.

현대는 정보통신기술의 발달과 사회적 환경이 달라져서 국민들이 마음만 먹으면 국정을 모니터링 할 수 있고 의사표시를 실시간으로 할 수 있다. 따라서 4년마다 치르는 공식 선거 때까지 기다리지 말고 잘못하면 수시로 잘 할 수 있도록 독려하고 여의치 않으면 그 직에서 퇴출시켜야 한다.

> 정치란 모든 것을 바로잡는 것이다.
> 지도자와 정치 주체가 스스로 바르게 하면
> 감히 누가 부정을 획책할 수 있겠는가.
> (政者正也, 子師以正, 孰敢不正)[17]
> —논어—

---

17) 이기동 역해, 「논어 강설」(서울, 성균관대학교 출판부, 2009), p.415.

상기 표에 제시된 바와 같이 정치의 기본 기능은 모든 것을 바르게 하는 데 있다.

권력의 원천인 국민 개개인부터 올바르게 하면, 정치 지도자를 비롯한 모든 정치 주체들이 스스로 올바르게 할 것이고, 감히 어느 누구도 부정을 저지를 수 없다는 교훈을 명심하고 정치의 선진화를 달성해야 한다.

6. 남북관계 개선 및 통일 준비

남북통일의 지름길 (한반도 재활 정책; Korean Peninsula Modus Vivendi Policy)			
삼불 (三不)	삼구 (三求)	삼약 (三約)	삼단 (三段)
★ 전쟁·폭력	평화적 비폭력	정전 협정서	상호인정 신뢰구축
일방 흡수	쌍방 합의	남북 기본 합의서	교류 협력 공동이익 확대
급속, 단기	점진적 중장기	★ 새로운 평화협정	★ 여건 성숙 쌍방 합의

앞에서 이미 언급하고 강조한 바와 같이, 한반도의 현재 상황을 비유해서 보면, 어느 집안에 형제가 조상들이 물려준 땅을 서로 반반씩 차지하고, 조상이 물려준 땅을 혼자 다 갖기 위해 서로 반목한다(반북, 反北). 형님은 동생의 해코지에 대항하고 도둑 지키는 일을 외부의 힘 있고 강한 사람에게 의존하면서(친미, 親美), 수단과 방법을 가리지 않고 돈만 열심히 벌어(숭재, 崇財) 자신의 재산을 축적하여 동네의 잘 사는 친구들과 어울려 즐기면서 지낸다(구리, 求利). 동생은 형님의 모든 것을 물리적인 힘으로 빼앗기 위해 오로지 흉기 만들기에 집중하고(선군, 先軍), 형님의

재산과 집을 지켜주고 있는 외부세력이 떠나기를 바라면서(반미, 反美) 온 갖 행패를 부리고 있는 형국(대남 도발, 對南挑發)에 비유할 수 있다.

가화만사성家和萬事成이 의미하듯 집안이 화목해야 모든 일이 이루어진다. 이제부터는 지난 70년간 계속되어온 남북대결 국면을 종식시키고 새로운 화해협력의 시대를 열어야 한다. 즉 반북反北 패러다임을 벗어나 연북聯北 패러다임을 정립하고 정착시켜야 한다.

그러나 통일로 가는 길은 결코 쉬운 길이 아니다. 지난 70년 역사가 주는 교훈[18]을 명심하고 신중하고 노련하게 준비하고 가야 하는, 험하고 장애물이 많은 어려운 길이다. 이와 같은 역사적 교훈을 배경으로 필자는 위 그림에서 보는 것과 같이, '삼불三不,[19] 삼구三求,[20] 삼약三約,[21] 삼단三段[22]'을 남북통일로 가는 현명한 길로 제시하고자 한다. 필자는 이를 '한반도 재활정책(韓半島 再活政策, Korean Peninsula Modus Vivendi Policy)'[23]이라고 명명하고자 한다.

먼저, 전쟁과 폭력적인 방법, 어느 일방에 의한 흡수통일, 그리고 준비

---

18) 남북분단과 전쟁, 휴전, 냉전이 주는 교훈은 한반도는 지정학적으로 대륙세력과 해양세력의 이해관계가 충돌하는 지역이며, 한반도가 어느 일방에 의한 배타적 이익추구가 무리하게 시도될 경우, 주변 강대국까지 개입되는 국제전으로 확대될 수 있다는 것이다. 한반도가 전쟁터가 되면 가장 큰 피해는 한민족이 입게 된다.

19) 금지해야 하는 3가지.

20) 적극적으로 추구해야 하는 3가지.

21) 3가지 약속과 협정.

22) 3가지 단계.

23) 남북이 상호인정과 존중, 신뢰를 바탕으로, 작고 사소하지만 실현 가능하고 실효성 있는 것부터 교류하고 협력하여 점차 단계를 높여나가는 정책.

가 안 된 상태에서 급격하고 단기간 내에 통일을 이루겠다는 생각은 버려야 한다. 그리고 평화적, 비폭력적 수단으로 쌍방합의에 따라, 점진적이고 중장기적으로 여유를 갖고 추진해야 한다. 그렇지 않고 어느 일방의 배타적 이익을 위해 수단과 방법을 가리지 않고 무리하게 통일을 추진하면, 설사 통일을 이루었다고 하더라도 얻는 것보다 잃는 것이 절대적으로 크고 후유증이 장기간 지속되기 때문이다.[24]

또한 북한 내부에 급변사태가 발생하여 북한 정권이 통제력을 상실하고 사회가 붕괴되는 것도 바람직하지 못하다. 폭력사태나 난민 발생 시 부담은 주변국들에게 돌아오고, 내부사태의 진정을 빌미로 외세가 개입될 소지가 있으며,[25] 붕괴된 북한을 재건하기 위해서는 사회적 경제적 부담이 너무 커지기 때문이다.

따라서 현존하는 정전협정서[26]와 남북 기본합의서[27]를 준수하고 존중하면서, 새로운 평화협정[28]을 체결하여, 군사적인 정전상태를 종식시키고 정치, 군사적으로 명실상부한 완전한 평화체제를 마련해야 한다. 그

---

24) 「손자병법」의 '전국위상, 파국차지(全國爲上, 破局次之)'라는 말은 나라를 온전히 하는 상태가 최선이며 전쟁으로 인해 피해가 생기는 것은 최선이 아니라는 의미다. 신라가 당나라를 끌어와 전쟁을 통해 부분적 한반도 통일을 달성했지만 후유증이 오래 지속되다가 후삼국으로 분열되는 결과를 초래했다.

25) 1894년 동학농민혁명이 발발하자 청나라와 일본이 군대를 보내 한반도 문제에 개입하였다. 청일전쟁이 발발하여 한반도는 주변 열강들의 전쟁터가 되었다.

26) 1953년 7월 27일 유엔군 사령관과 북한군 최고사령관, 중국 인민지원군 사령관 사이에 체결된 6·25전쟁 휴전에 관한 협정.

27) 1992년 2월 18일 발효된 남한과 북한 간 화해협력과 교류에 관한 공식 합의 문서.

28) 1953년 7월 27일 정전협정 체결 협정문 제4조에 협정 발효 후 3개월 이내에 정치적으로 전쟁을 종식시킬 수 있도록 후속조치 마련을 규정했으나 60년이 넘도록 미결 상태이다.

후, 상호 인정과 신뢰를 바탕으로 남북한 모두에게 이익이 되는 분야부터 교류를 점진적으로 확대하여 공동이익이 증대되면 통일을 위한 여건이 성숙될 것이다.

여건이 성숙되면 쌍방합의에 의해 통일된 민족 공동체가 자연스럽게 탄생할 것이다. 함께하는 것이 모두에게 이익이 되는데 통일을 거부할 이유가 없기 때문이다.

그리고 이와 같은 공동이익의 확대는 남북한을 넘어서, 한반도 주변의 강대국, 즉 미국, 일본, 중국, 러시아 모두에게 공동이익이 확대되는 결과로 이어져야 한다. 특히, 대륙국가인 중국과 러시아에게만 일방적으로 유리해서도 안 되고, 해양세력인 미국과 일본에게만 일방적으로 유리해서도 안 된다. 이것이 지난 역사가 주는 교훈이며 한국은 이를 명심해야 한다.

이와 같은 길이 자연의 순리이고 합리적이며, 최선의 길이라고 생각된다. 이를 위해서는 남북 모두가 나 홀로 독식獨食하겠다는 자세에서 벗어나, 공존공영共存共榮하겠다는 진정성부터 갖추어야 한다.

특히, 북한이 독식하겠다고 전쟁을 먼저 도발하고 냉전 기간에 지속적으로 보여준 부정적 행태와 '통미봉남通美封南'[29] 전략으로 남한을 배제시키기 위한 태도로 인해 북한에 대한 불신감은 쉽게 사라지지 않고 있다. 따라서 결자해지結者解之 차원에서 북한부터 먼저 자세를 바꿔야 한다.

또한 남한도 일부 군사 부문을 제외하고 경제규모와 국력 등 모든 면

---

29) 북한이 미국과 관계를 정상화하여 남한을 봉쇄시킨다는 의미.

에서 북한을 능가하는 우위에 있다. 특히, 북한은 남한이 자신의 가장 가까운 동맹국인 중국과 외교관계를 공식화하고 교류 협력이 확대되면서 '통중봉북通中封北'[30) 상황의 발생과 남쪽으로부터의 일방적 흡수통일을 두려워하고 있다. 따라서 상호 간에 이와 같은 불신을 해소하는 것이 무엇보다도 중요하다.

그리고, 정전협정을 평화협정으로 전환하는 문제도 쉬운 과제가 아니다. 정전체제의 4대 핵심당사국인 한국, 북한, 중국, 미국 사이에 원만한 합의와 신뢰가 필요하기 때문이다. 한 가지 다행스러운 것은 정전협정 체결 시와는 달리, 남북한이 모두 유엔에 가입하여 유엔 회원국이며, 미국과 중국, 중국과 한국 사이에는 공식적 외교관계가 수립되어 우호협력 관계가 지속되고 있다는 점이다. 그리고 중국과 러시아도 개혁개방 정책으로 선회하여 서방과 적극적으로 교류하고 있다. 현재 미국과 북한 사이는 공식적 외교관계 없이 대결국면이 계속되고 있다.

특히, 북한은 냉전시기에 북한에게 일방적으로 후원국이 되어주던 소련이 해체되고, 소련을 계승한 러시아와 중국이 개혁개방정책을 취하고, 한국과 수교하고 교류협력이 증가하면서, 고립상태가 점점 심해지는 상황이다. 또한 전면적 개혁개방정책을 취하자니 체제붕괴의 위험이 있고, 완전한 고립정책을 취하고 자력갱생하자니, 생존에 한계가 있는 딜레마에 봉착하고 있는 것이다.

이와 같은 상황을 극복하고 사회주의체제 유지와 김정은 정권의 안전과 존재감을 인정받고, 정전협정 서명 당사자가 미국과 북한, 중국이기

---

30) 한국이 중국과 관계를 정상화하여 북한을 봉쇄시킨다는 의미.

때문에 한국을 배제하고 미국과 직접 거래를 고집하면서, 소위 '통미봉남通美封南' 정책의 성공을 위해 핵과 미사일에 마지막 희망을 걸고 있는 것이다.

북한의 끈질긴 대미 접촉 노력에도 불구하고 미국의 입장은 북한 핵과 미사일이 동맹국인 한국과 일본에 직접적 위협이 되지만, 미국의 미사일 방어체계를 극복하고 미국 본토까지 위협할 정도에는 이르지 못한 것으로 보고, 미국이 직접 나서서 군사적 수단까지 동원하여 제거해야 할 정도는 아니라고 판단하는 것 같다.

미국은 대량살상무기(WMD) 확산방지정책[31]의 연장선에서 북한의 핵과 미사일 문제가 현 수준에서 더 이상 악화되지 않고, 미국의 부담을 최소화하는 선에서, 유엔 안보리와 다자간 외교적 노력에 의해, 장기적으로 해결되기를 바라면서 관망하는 태도를 보이고 있다.

그러나 북한의 핵과 미사일이 외부로 유출되어 미국에 적대적인 테러 집단이나 국가가 소유하고, '9 · 11 테러'[32]와 같은 상황이 발생할 경우를 미국의 안보에 미치는 가장 위험한 상황으로 보고 이에 철저히 대비하는 것 같다.[33]

---

31) WMD(Weapons of Mass Destruction)확산은 세계평화를 위협하고 미국의 안보에도 부정적 영향을 미친다. 따라서 미국은 대량살상무기 확산 방지 정책을 미국의 중요 국가정책으로 선정하고 추진하고 있다.
32) 2001년 9월 11일 이슬람 무장단체 소속 테러리스트들이 민간 항공기를 이용하여 미국 뉴욕 세계무역센터 빌딩과 국방성 건물에 대한 자살 충돌공격으로 막대한 인적, 물적 피해를 입히고 미국을 충격에 빠지게 한 사건.
33) 미국은 북한의 핵과 미사일 위협에 대해 미사일 방어(MD : Missile Defense) 체제를 보강하고, 외부 유출에 대비한 철저한 감시체계(PSI : Proliferation Security Initiative)를 구축하

북한 핵과 미사일 문제를 바라보는 미국의 이와 같은 태도는 미·북 직접 대화와 협상을 하면서 당근을 제공하여 달래기도 하고, 다자간 대화와 협상을 통해 외교적 압박을 가하기도 하고, 그리고 중국이 적극적으로 북한을 통제해서 이를 해결하기를 소망해 왔다. 북한은 미국의 이러한 문제 해결방식을 교묘히 이용하여 외교적 줄타기를 하며 시간을 벌고, 실익을 챙기면서 오늘에 이르고 있다.

한국, 중국, 미국, 북한 등 관련 국가 사이에 가장 큰 장애는 미국과 북한 사이에 이해관계가 충돌되는 부문이 너무 많다는 점이다. 미국은 북한 핵과 미사일 문제 해결 없이는 평화협정 자체를 거부할 것이고, 북한은 핵과 미사일 능력을 포기하는 대가로 미국에게 요구하는 조건이 대부분 한국의 핵심 국익과 충돌하는 것이고, 나아가서 한국 또는 미국에게 막대한 부담이 수반되는 것들이기 때문이다. 북한이 그동안 핵개발 정책을 추진하면서 보여준 외교적 줄타기와 벼랑 끝 전술은 북한의 앞으로 보여줄 행동을 충분히 짐작케 한다. [34]

이처럼 한반도 평화정착은 남북한 당사자뿐만 아니라 미국, 중국, 러시아, 일본 등 주변 관련국들의 이해관계도 복잡하게 얽혀있는 난제이

여 대비하고 있다.

34) 미국은 수차례에 걸쳐 북한에 대한 불가침 약속을 공개적으로 표명하였다. 그러나 북한은 이를 신뢰하지 않고 문서의 형태로 무리하게 요구하고 있다. 또한 북한은 미사일, 핵 관련 기술 및 물자 수출 금지 대가로 미국에 상식을 초월하는 액수의 자금 제공을 요구한 것으로 알려지고 있다. 그리고 1994년 미·북 제네바 합의에 따라 북한 핵개발을 중지하는 대가로 경수로 건설 지원 사업이 추진되었다. 한국은 총 소요 비용의 70%를 부담하게 된다. 북한의 약속 위반으로 경수로 사업은 도중에 중단되어 헛돈만 쓰고, 결실은 없고 빚만 남기게 되었다.

다. 그러나 어렵다고 비켜갈 수는 없다. 특히, 미국은 6·25 한국전쟁에 개입하여 유엔군을 통합하여 전쟁을 주도하고 정전협정에 서명한 핵심 당사국으로서 역할과 책임이 크다. 강대국 위상에 상응한 현명한 글로벌 리더십을 발휘해야 한다.

지구상에서 한반도가 갖는 지정학적 위치와 가치, 불변의 역할은 유라시아 대륙과 태평양을 연결하는 교량이다. 교량의 존재 이유는 사람과 물류이동이 장애를 받지 않고 언제든지 가능하도록 견고한 상태를 유지하여, 이동 및 연결Connection, 소통과 교류협력Communication& Cooperation, 시너지효과 창출Creation이 극대화되도록 하는 것이다.[35] 그러나 한반도를 지탱하는 백두대간의 한가운데 척추가 부러지고, 허리 부분의 근육이 굳어지고, 혈관이 막히고, 세포가 퇴화되어 산소와 영양분이 몸 전체로 원활히 공급되고 순환하지 못하는 심각한 상태가 계속되고 있다.

즉 유라시아 대륙과 태평양에 이르는 중요한 교량이 반으로 절단되어 교량으로서 제 구실을 못한 지가 70년이 지속되고 있는 것이다. 이제 부러진 허리를 고치고, 뭉친 근육을 풀고, 막힌 혈관을 뚫고, 세포를 건강하게 하여 산소와 영양분이 한반도 전체에 원활히 공급되도록 해야 한다. 나아가서, 유라시아 국가와 태평양 국가들 모두에게 도움이 되어서, 수에즈 운하와 파나마 운하가 차지하는 위상[36]과는 차원이 다른, '순환

---

35) 필자가 4C(Connection, Communication, Cooperation, Creation)라고 설정함.

36) 수에즈 운하는 대서양과 홍해를 거쳐 인도양으로 연결하는 핵심 지름길. 수에즈 운하가 없으면 아프리카 최남단 희망봉을 돌아가야 함. 파나마 운하는 대서양과 태평양을 연결하는 핵심 지름길. 파나마 운하가 없으면 남미대륙 최남단 마젤란 해협을 돌아가야 함.

과 흐름의 핵심Core of Circulation & Flow'이라는 한반도의 존재 가치와 역할의 중요성이 제자리를 잡아야 한다.

이와 같은 배경과 명분, 논리를 들어 모든 장애를 극복하고 평화협정은 반드시 체결되어야 한다. 1950년 6월 25일 발발한 한국전쟁을 평화협정체결이라는 근본적 문제해결 없이 정전체제하에서 60년이 넘도록 지엽적으로 추진된 각종 교류협력 사업은, 민족의 대동단결과 대의를 위한 진정성이 없이, 자신의 이익을 위한 전략, 전술적 차원에서 이루어졌다는 것이 세월이 경과하면서 증명되고 있다. 튼튼한 기초 작업 없이 모래 위에 쌓은 누각은 쉽게 무너지기 마련이다.

새로운 평화협정은 남북을 포함하여 미국, 중국 등 관련 당사국의 소아적, 단기적 국익 우선 입장을 벗어나 대의명분과 보다 큰 이익을 위한 진정성을 검증하는 계기가 될 것이다. 따라서 한국은 예상되는 모든 장애를 극복할 수 있는 충분한 능력을 구비하고, 추진 과정에 주도적인 역할을 할 수 있도록 독일의 사례와 교훈을 참조하여 철저히 대비해야 한다.[37]

또한 이와 같은 상황에 대비하기 위해서는 한국 사회가 국가 사회적으로 더 이상 낭비, 중복투자, 소모적 행태 등 남남갈등, 분열, 누수현상이 있어서는 안 된다. 한반도 상황을 정확하게 보면 한가롭게 여유를 부릴

---

37) 독일은 기존의 '선 통일 후 긴장완화 정책'을 수정하여 '선 긴장완화 후 통일 정책'을 추진했다. 이른바 '접근을 통한 변화 추구 전략'으로, 사소하고 작지만 현실적으로 가능하고 실효성 있는 분야부터 시작하여 최종적으로 목표를 이룬다는, '모두스 비벤디(Modus vivendi) 원칙'을 적용해서 성공했다. 성공의 이면에는 소련과 동독, 기타 유럽 이웃국가들을 설득하고 포용하며 지원할 수 있는 세계 2위 수준의 서독의 경제력이 있었다.

때가 아닌 것이다.

특히, 북한을 대화의 장으로 나올 수밖에 없도록 하기 위해서는, 남한이 주한미군이 없이도 스스로 북한위협에 충분히 대응할 수 있어야 한다. 외세 개입 없이 우리민족끼리 통일을 논의하자는 명분 뒤에 숨은 북한의 속셈은, 미군만 한반도에서 완전 철수하면, 북한의 군사력으로 남한을 충분히 제압할 수 있다는 계산이 깔려 있다. 또한 북한은 지난 60년 이상 온갖 공을 들여 국가 전략적 차원에서 달성한 핵무장과 미사일 능력을 결코 쉽게 포기하지 않을 것이다.[38]

이를 해결하기 위해서는 비유하자면, 남한이 태권도 9단의 경지에 도달하고, 북한은 태권도 3단의 수준에 머물면, 미국과 중국은 물론이고 북한의 태도와 자세가 달라지고 모든 문제가 해결될 것으로 본다. 즉 북한이 한국을 배제하고 미국과 직접 거래하기보다 한국과 대화하고 교류 협력하는 것이 북한의 이익에 도움이 되고, 또한 피할 수 없는 상황이라고 인식 되면 진정성을 갖고 대화에 임할 것이다.

결국 문제해결의 열쇠는 한국에게 달려있다. 한반도 상황을 객관적이고 냉철하게 보고, 한국 사회의 구성원 모두가 정신을 차리고, 예상되는 모든 장애를 극복할 수 있는 정치, 경제, 외교, 군사 등 제 분야에 명실

---

38) 1991년 남한과 북한은 한반도 비핵화 공동선언을 했다. 이에 따라 한반도에 배치되어 대북 핵 억지력의 핵심 역할을 해온 주한미군의 핵무기는 모두 철수된다. 북한은 이를 기회로 내부적으로 비밀리에 핵 개발을 계속하여 핵실험까지 완료했다. 플루토늄과 고농축 우라늄을 모두 활용한 핵폭탄 개발에 노력하고 있으며 핵탄두 소형화, 미사일 성능 개량(ICBM), 잠수함 탑재 능력 향상(SLBM)을 위해 지속적으로 노력하고 있다. 현재 남한은 미국의 핵우산 제공 약속에 의존하여 대응하고 있지만, 남한과 북한은 핵무기에 관한한 비대칭 상태로서 심각한 군사적 위험이 되고 있다.

상부한 능력을 조속히 구비해야 한다. 그렇게 하여 태권도 9단의 경지에 도달하면, 주도권을 유지하고 주인 노릇을 할 수 있지만, 여의치 않으면 또 다시 주변 강대국들의 국익 쟁탈전에 들러리나 서고 희생되는 신세로 전락할 것이다.

진돗개와 풍산개가 특유의 총명함, 민첩성, 강인함을 살리지 못하고 서로 반목하고 갈등하면 사자, 호랑이, 곰, 하이에나의 먹이가 되지만, 반대로 서로 협력하고 힘을 합하면 결코 무시당하지 않는 존재가 된다. 남북 모두가 정신을 차려야 한다.

따라서 북한은 '통미봉남通美封南'의 태도를 '통미연남通美聯南'[39]으로 변경하고, 남한도 '통중봉북通中封北'의 태도를 '통중연북通中聯北'[40]으로 전환하여 명실상부한 '연북교린聯北交隣 패러다임'[41]이 정착되어야 한다.

---

39) 북한이 미국과 관계를 정상화하면서 한국과 교류 협력을 확대하는 것.

40) 남한이 중국과 관계를 정상화하면서 북한과 교류 협력을 확대하는 것.

41) 한국이 북한과 화해 협력하고 한반도와 관련이 있는 세계 모든 국가들과 선린우호관계를 확대하는 새로운 구조.

7. 권력, 부, 명예에 대한 건전한 가치관 확립과 공정한 게임 규칙 정립

권력과 부와 명예는 매우 경쟁성이 강하고 유혹당하기 쉽고 중독성이 있는 속성이 있다. 또한 권력과 부, 명예와 관련된 건전한 가치관이 정립되지 못하고 이를 획득하고 유지하기 위한 과정과 절차에 공정한 게임의 규칙이 없으면 다양한 비리와 부정부패가 발생하게 된다. 따라서 예로부터 이를 경계해 왔다.

> 부와 귀는 사람들이 모두 갖고 싶어한다.
> 그러나 정당하지 못한 방법으로 취해서는 안 된다.
> (子曰富與貴是人之所欲也, 不以其道得之, 不處也)[42]
> —논어—
>
> 거친 밥을 먹고 물을 마시며 팔 베게 하고 잠을 자도 즐거움은 그 가운데 있다.
> 의롭지 못한 부와 귀는 나에게는 뜬구름과 같다.
> (飯疏食飮水 曲肱而枕之 樂亦在其中矣, 不義而富且貴 於我如浮雲)[43]
> —논어—

---

42) 이기동 역해, 「논어 강설」(서울, 성균관대학교 출판부, 2009), p.151.

43) 위의 책, p.260.

> 스스로 뜻과 의지가 확고하면 부귀에 집착하지 않고 초연하며,
> 도덕과 의로움이 충만하면 임금이나 정승 앞에서도 당당하다.
> 내면적, 정신적 가치에 비추어보면 외적 물질적인 것은 가볍기 때문이다.
> 따라서 군자는 물질을 지배하면서 살고 소인은 물질에게 지배를 당하며 산다.
> (志意修則驕富貴. 道義重則輕王公, 內省而外物輕矣, 君子役物 小人役於物)[44]
> -순자-

위의 표 안에 제시된 「논어」와 「순자」에 전해오는 교훈은 의롭지 못한 권력과 부를 추구하지 말고 각자 처지와 형편에 맞게 정당하게 노력하면서 물질의 노예가 아니라 물질을 지배하면서 주인으로 사는 것이 바람직한 삶이며 진정한 즐거움이라는 가르침이다.

동서고금을 막론하고 인류가 공동체를 이루고 생활해오면서 공동체의 정체성과 안정, 지속적인 번영을 유지하기 위해서는 권력과 부와 명예는 각각 분리되어야 한다는 것이다. 권력과 부가 한곳에 집중되고 장기화되면 권력과 부가 지닌 속성상 부패가 발생하고 문제가 발생하게 된다.

이와 같은 맥락에서 입법부, 사법부, 행정부 등 삼권은 분립이 되어야 견제와 균형을 통해 조화를 이룰 수 있다는 삼권분립의 원칙이 정립되었다. 또한 공정한 게임의 법칙하에서 성취된 권력과 부와 명예는 정당성을 갖고 선의의 경쟁과정에서 낙오한 사람도 결과에 승복하게 되지만 그렇지 못한 경우에는 여러 가지 후유증이 발생하게 된다. 특히, 권력과 부와 명예가 각각 분리되지 않고 이를 획득하는 과정에 공정한 게임의 법

---

44) 순자 지음, 김학주 옮김, 「순자」(서울, 을유 문화사, 2009), p.72.

칙이 정립되지 않은 상태에서 이를 동시에 추구하는 것이 가능하고 조장되는 사회는 건전성을 유지하기 어렵다. 부정부패와 비리가 만연된 한국 사회가 처한 여러 가지 근원적 문제도 따지고 보면 이와 관련된 것이 적지 않다고 본다.

특히, 군사적으로 휴전상태가 지속되고 있는 한국에서 병역의무는 국민모두가 공평하게 부담해야 하는 중요한 의무이다. 소정의 병역의무를 필한다는 것 자체가 국민 된 가장 기본적 의무와 도리를 다하는 것이다. 그럼에도 불구하고 병역을 미필했거나 면제받은 사람이 국가 사회의 고위직책을 담당하고 국민들에게 애국을 얘기하는 것은 어불성설이며, 표리부동한 행동이 아닐 수 없다.

'노블레스 오블리주Noblesse Oblige' 원칙과 정신이 실종된 가운데, 정치권력 획득과 경제적 부를 동시에 추구하고, 학문적 성취와 부의 축적을 모두 바라고, 이를 달성하기 위해 수단과 방법을 가리지 않고, 치열한 경쟁이 난무하는 사회는 건강한 사회가 아니다. 따라서 구조적으로 이를 동시에 추구할 수 없도록 정치, 경제활동 전반에 투명성, 공정성이 획기적으로 제고될 수 있도록 시스템을 만들고 이에 반할 경우, 「육도삼략」에 전해지는 "처벌은 큰 것부터 하여 위엄을 유지하고, 포상은 작은 것부터 하여 밝음을 유지한다. 誅大爲威, 賞小爲明"[45]는 원칙을 적용하여 엄정한 신상필벌이 이루어져야 한다.

이와 같은 원칙이 전도되어 "처벌은 사회적 약자 먼저, 공은 사회적 강자 먼저"가 되는 사회는 선진 민주공화국과는 거리가 멀다. 이와 같은 연

---

45) 이상옥 역해, 「육도삼략」(서울, 명문당, 2007), p.263.

유에서 예로부터, "한 사람의 착한 이를 폐하면 많은 착한 사람이 쇠하게 되고, 한 악인에게 상을 주게 되면 많은 악인이 모여든다. 착한 자가 합당한 복을 받고, 악한 자가 이에 상응한 벌을 받게 되면, 나라는 편안하고 백성들은 선에 이르게 된다.(廢一善則衆善衰, 賞一惡則衆惡歸, 善者得其祐, 惡者受其誅, 則國安而衆善至)"[46]고 경계하고 있는 것이다.

따라서 정당한 권력, 깨끗한 부, 고결한 명예를 자랑스럽게 여기는 사회적 풍토와 가치관이 정립되고, 또한 모든 사회 구성원들이 이를 추구하고자 성실하게 노력하는 분위기와 제도, 관습이 조성되고 정착되어야 사회의 건강성이 보장된다.

이와 같은 맥락에서 필자는 '한국적 지도층 솔선수범 정책(KNOP : Korea Noblesse Oblige Policy)'[47]을 시행할 것을 제시한다. 선진화된 민주 공화체제는 '삼권분립 + 권력, 부, 명예 분리'가 제대로 이루어지고 정착되어야 구현될 수 있다.

---

46) 앞의 책, p.609.
47) 국민의 기본적 의무(국방, 근로, 납세, 교육)를 다하고, 고도의 도덕 윤리의식을 구비하고 해당분야 직무와 관련된 전문적 역량을 구비해야만 정치, 경제, 사회, 문화 전반의 지도층에 진입할 수 있도록 제도적(법률+풍토, 문화)으로 정립하는 것.

8. 사람과 사람, 인간과 자연이 다 함께 잘 사는 공동체 건설

단군신화에 언급되어 전하고 있는 한민족의 건국이념인 "홍익인간 재세이화弘益人間 在世理化"[48]는 널리 인간을 이롭게 하고 세상을 이치로 다스린다는 의미이다. 이는 이익보다 이치를 중시하고 소수 몇 사람보다 구성원 모두를 이롭게 하는 것이었다. 그리고 풍류도의 형태로 체계적으로 정립되어 전파되고 계승되었다.

이것이 아래 표에 제시된 바와 같이, 한민족 고유의 풍류도, 선도, 화랑도, 선비정신으로 계승되어온 우리 문화의 정수이다. 한민족의 전통사상을 연구해온 한영우 교수는 '홍익정신, 공익정신, 생명존중사상'을 전통문화의 핵심으로 들고, 이를 '포용적 조화의 철학Comprehensive Harmony'이라고 제시하였다.[49]

> 우리나라에 현묘한 가르침이 있으니 이를 풍류도라고 한다. 가르침이 정립된 기원은 선사에 자세히 기록되어 있다. 실로 유교, 불교, 도교의 가르침을 다 포함하고 있으며, 모든 생명과 화합하여 함께 살아가는 것을 지향한다.
> (國有玄妙之道, 曰風流, 設敎之原備詳仙史, 實乃包含三敎, 接化群生)[50]
> ─최치원, 난랑 비 서문─

---

48) 한영우, 「한국선비지성사」(서울, 지식 산업사, 2010), p.78-79.

49) 위의 책, p.28-29.

50) 위의 책, p. 153.

민주공화民主共和라는 말의 근본정신은 개인의 인격과 자유를 기반으로 하되 사회적으로 모든 사람이 다함께 화합하고 조화를 이룬다는 의미이다. 이와 같은 맥락에서 보면 홍익인간과 민주공화라는 말은 근본적으로 크게 다를 게 없다.

이는 인간의 속성은 개별적으로 고유하고 존엄한 인격체이면서, 사회적 동물이라는 본질적 운명을 벗어날 수 없기 때문이다. '개별적 존엄 및 자유 + 사회적 공존 및 조화'는 동시에 추구되어야 하는 것이 인간의 속성이요 운명이다.

동서고금을 막론하고 역사가 주는 교훈은 공동체를 구성하는 구성원 개개인들의 권리와 의무가 공평하게 이루어지고, 어느 한 곳으로 편중되지 않아야 한다는 것이다. 특정계층의 희생을 담보로 특정계층이 무임승차를 하거나, 부담만 있고 혜택은 없거나, 혜택만 있고 부담은 지지 않는 계층이 많으면 공동체는 붕괴하고 만다는 것이다. 따라서 이를 현대적으로 새롭게 하여 자유, 민주, 개방된 시장경제체제를 지향하되 정당한 권력, 투명하고 깨끗한 부의 축적, 공정한 재분배가 이루어져서 구성원 모두가 인간의 존엄과 삶의 질이 보장되도록 해야 한다.

특히, 현대 한국 사회가 지닌 문제는 '빈익빈 부익부' 현상 등 사회적 불균형이 심화되어 사회적 균형과 조화가 깨지면서 불안감이 가중되고 있다. '1% & 99%'라는 상징적 숫자가 시사하듯이, 서구인들이 산업혁명 이후 지속적으로 추구하고 발전시켜온 신 자유주의적 삶의 방식이 공동체 구성원 모두를 행복하게 하는 최선의 패러다임이 아니라는 것이 나타나고 있다. 이를 시정하는 방법으로 자유이념과 평등이념의 조화, 인간과 자연의 조화를 지향하는, 21세기 홍익인간 재세이화에 기반하는 대동사회大同社會 건설을 제시한다.

　그동안 인간의 지식과 과학기술을 과도하게 신뢰하고 자연의 희생을 대가로 인간의 편의만을 추구해온 삶의 방식을 반성하고, 자연과 조화된 삶, 자연 친화적이고 자연과 공존하는 공동체를 건설하는 것이 진정으로 다함께 잘 사는 사회 모습이다. 이것이 "모든 생명과 화합하여 함께 살아가는 것을 지향한다."는 풍류도 정신이며, "하늘과 땅과 너와 나는 함께 생겨났고, 세상 만물은 나와 하나이다.(天地與我竝生, 而萬物與我爲一)"[51]라고 한 장자 사상을 현대적으로 계승하는 길이다.

　한반도에 사는 사람을 예로부터 순수 우리말로는 선비라 했는데, 중국인들이 이를 선인仙人이라고 표기했다. 선(仙 : 人 + 山)이라는 한자 표기에는 산사람, 산에 사는 사람이라는 뜻이 포함되어 있다.[52] 후대에는 고려인(高麗人, Korean)이라고 했다. 이는 고려라는 국명과 연관이 있다. 고려는 산고수려(山高水麗 : 산이 높고 물이 깨끗하다. land of high mountain and pure water)의 줄임말이다.[53] 따라서 고려인은 산이 높고 물이 깨끗한 나라에 사는 사람이라는 의미다. 삼천리 금수강산三千里 錦繡江山[54]이라는 말도 같은 맥락이다. 이에 비해 조선朝鮮이라는 말은, 아침에 해가 뜨면 가장 먼저 빛이 비추는 곳(land of morning calm)이라는 의미로, 중국 중심의 세계관이 반영된 명칭이다.[55] 이처럼 나라 이름과 민족 명칭에

---

51) 장자 지음, 김창환 옮김, 「장자 내편」(서울, 을유 문화사, 2010), p.92.

52) 한영우, 「한국선비지성사」(서울, 지식 산업사, 2010), p.58.

53) 위의 책, p.370.

54) 비단에 수를 놓은 것처럼 아름다운 강과 산으로 이루어진 삼천리라는 뜻.

55) 중국에서 보면 일본(日本)은 해가 처음 뜨는 나라(land of sun rise), 조선(朝鮮)은 해가

이미 자연과 함께하는 깊은 뜻이 포함되어 있다. 따라서 현대 한국인이 가장 한국인답게 사는 길은 선인, 선비정신, 고려인의 참뜻을 계승하여 산이 높고 물이 깨끗한 자연을 훼손하지 말고, 오래도록 보존하면서 자연과 함께하고 자연과 조화되고 공존하는 공동체를 건설하는 것이라고 할 수 있다.

또한, 「논어」에 "인자요산仁者樂山, 지자요수知者樂水"[56]라는 말이 있듯이 산을 좋아하고 물을 좋아하는 인과 지를 겸비한 민족으로서 '우리도 한번 잘 살아보자'는 구호하에 추구해온 서구인들의 신 자유주의적 삶의 방식 따라잡기 패러다임에서 벗어나서, '우리도 한번 새로운 길을 제시하자'는 자세로 사람과 사람, 인간과 자연이 다 함께 조화를 이루는 '친자연주의親 自然主義적 삶의 방식'[57]을 선도하고 세계에 확산시키는 주역이 되어야 한다.

뜨면 아침이 먼저 빛나는 나라(land of morning calm)이다. 또한, 대한민국은 영어로 Republic of Korea로 공식 호칭되고, the land of morning calm이라는 애칭으로 사용되며, 대한민국 국민은 Korean으로 불리는데, 이는 고려라는 국명과 국민명칭은 일치가 되지만, 대한민국(大韓民國) 국명과 영문 번역(Republic of Korea) 일치가 되지 않고 있다.

56) 이기동 역해, 「논어 강설」(서울, 성균관대학교 출판부, 2009), p.235.

57) 선진 과학기술을 기반으로 자연환경을 파괴하거나 스트레스를 주지 않고, 인간과 자연이 공존하는 친환경적, 자연친화적 삶의 방식.

9. 21세기 바람직한 인재상 정립과 교육 및 근로 체계 혁신

사람이 모인 곳이 사회이고 국가이다. 구성원 각자의 모습과 사고방식, 행동유형이 그 사회와 국가의 모습을 결정한다. 따라서 앞에서 논의된 개혁과제가 제대로 시행되고 정착되기 위해서는 사회 구성원들에 대한 교육이 뒷받침되어야 한다.

그러나 오늘날 한국 사회의 교육 현실을 보면, 경제동물, 돈 잘 버는 기술 습득, 치열한 경쟁사회에서 이기는 효과적인 생존법 체득에 중점을 둔 교육이 이루어지고 있다. 특히, 인성과 재능을 균형 있게 구비한 전인적 인간을 육성해야 하는 국가 공교육은 붕괴되고 상급학교 진학과 취업을 위한 지식과 기술 습득에 치중한 입시 위주의 사교육이 성황을 이루고 있다. 즉 주가 되어야 할 공교육은 부실하고 지극히 보조적인 기능에 머물러야 할 사교육이 주된 역할을 하는 주객이 전도된 형국이 되어 국가 사회적 낭비와 이중투자가 심각한 상황이다.

또한 이런 교육을 받고 인격과 인성이 결핍된 채로 지식과 기술만 구비하고 사회에 진출하여 황금만능주의가 지배하는 치열한 경쟁사회에서 살아남기 위해, 눈앞의 이익 앞에서는 자존심, 인격, 원칙을 모두 버리고 오로지 돈을 좇는 풍토, 자신의 출세와 영달을 위해서는 상관의 부당한 명령이나 지시도 기꺼이 감수하는 처세, 이해관계에 따라 형성되는 상품 교환적 인간관계가 한국 사회의 모습이다.

올바른 가치관과 인성이 부족한 상태로 아무리 많은 지식과 뛰어난 기술을 보유해도 이는 마치 사상누각과 같다. 한국 사회의 병리현상도 근본적 원인은 이로부터 연유된다고 볼 수 있다. 간디가 인격 없는 교육을 국가를 망하게 하는 7가지 악덕 중의 하나로 든 것은 다 이와 같은 이유 때문이다.

> 천하의 모든 사람이 구비해야 할 덕은 지, 인, 용 세 가지이다.
> (知, 仁, 勇 三者 天下之達德也)[58]
> -중용-
>
> 배우기를 좋아함은 지知에 가깝고,
> 실천에 힘씀은 인仁에 가까우며, 부끄러움을 아는 것은 용勇에 가깝다.
> 이 세 가지를 알면 자신을 닦는 방법을 알며,
> 자신을 닦는 방법을 알면 남을 다스리는 방법을 알며,
> 남을 다스리는 방법을 알면 천하와 국가를 다스리는 방법을 알게 된다.
> (子曰 好學 近乎知, 力行 近乎仁, 知恥 近乎勇, 知斯三者則知所以修身, 知所
> 以修身則知所以治人, 知所以治人則知所以治天下國家矣)[59]
> -중용-

고대로부터 중시되고 후세에게 물려준 바람직한 인재상은 인격, 재능, 실천력을 겸비한 온전한 인간상이다. 이를 지知, 인仁, 용勇 삼덕이라고 한다. 한국의 교육이념에도 지, 덕, 체를 구비한 인간육성을 지향하고 있는 것도 이 같은 이유이다.

민주공화체제와 개방되고 세계화한 경제 환경에 적합하게, 인성을 바

---

58) 이기동 역해, 「대학 · 중용 강설」(서울, 성균관 대학교 출판부, 2009), p.190.
59) 위의 책, p.197.

탕으로 해당분야에 필요한 지식과 기술을 구비하고 이를 실천하는 지행합일知行合一의 건전한 민주시민, 즉 '지, 인, 용 삼덕을 구비한 주체적 한국인, 열린 아시아인, 창조적 세계인'이 21세기 바람직한 인재상이다.

학문은, 보통 사람이 자신의 재능을 개발하여,
이를 완성시켜 성인의 경지에 이르러야 끝난다.
오랫동안 노력을 쌓아야 그런 경지에 도달할 수 있다.
따라서 학문은 평생의 일이고, 죽은 뒤에야 끝나는 것이다.
(學惡乎始惡乎終, 其義則始乎爲士, 終乎爲聖人,
眞積力久則入, 學至乎沒而後止也)[60]
−순자−

학문을 완성하기 위해서는, 굳센 마음으로 목표를 세우고, 널리 배우고,
자세히 물으며, 신중하게 생각하고, 명확히 분별하며, 돈독하게 행동해야 한다.
다른 사람이 하나를 할 수 있으면, 자신은 백 가지를 할 수 있고, 다른 사람이
열 가지를 할 수 있으면 자신은 천 가지를 한다. 이렇게만 할 수 있으면,
어리석은 사람도 반드시 밝아지고, 연약한 사람도 반드시 강해진다.
(誠之者, 擇善而固執之者也, 博學之, 審問之, 愼思之, 明辯之, 篤行之,
人一能之, 己百之, 人十能之, 己天之, 果能此道矣, 雖愚 必明, 雖柔 必强)[61]
−중용−

위 내용은 「순자」와 「중용」에 제시된 학문의 목표와 방법에 대한 교훈이다. 인간 완성, 인격 완성, 자아 완성이라고 표현되는 학문의 종착지를 위해서 평생 동안, 널리 배우고, 깊고 신중하게 사색하고, 상세하게 질문

---

60) 순자 지음, 김학주 옮김, 「순자」(서울, 을유 문화사, 2009), p.52.
61) 이기동 역해, 「대학·중용 강설」(서울, 성균관 대학교 출판부, 2009), p.211−212.

하고 토론하고, 명확하게 분별력을 갖추고, 배운 대로 독실하게 실천해야 한다는 것이다. 또한 목표를 굳게 세우고 누구든지 배가의 노력을 집중하면 이를 달성할 수 있다는 것이다.

이를 위해 지난 70년간 지속되어온 초등학교 6년, 중학교 3년, 고등학교 3년, 대학교 4년으로 정착된 학제와 교과과정, 교육내용을 근본적으로 재검토해 보아야 한다. 모든 국민이 동일한 시기에, 동일한 교육을 이수하고, 동시에 취업을 하게 하는 모순, 그리고 최종학교 이수가 학문의 완성과 공부의 끝이라고 착각하는 상황이, 부지불식간에 형성된 고정관념은 아닌지 심각하게 되돌아봐야 한다.

그리고 평생학습 체제를 구비하고 학력學歷이 아닌 학력學力이 중시되고 존중 받을 수 있는 사회적 풍토를 만들어야 한다. 또한 각자가 처한 자질과 특성이 배제된 가운데 상급학교 진학위주의 교육풍토, 이로 인해 양산된 고급인력이 사회의 수요와 불일치 상태가 되어 취업이 어렵고 경쟁이 치열하고, 국가 사회적으로 얼마나 많은 낭비와 부작용을 초래하는가에 대해서도 반성과 성찰이 있어야 한다.

즉 고학력 인플레이션 현상으로 인해 대학의 질은 저하되고, 고학력자는 과잉 양성되어 갈 곳이 없고, 소위 어렵고, 지저분하고, 위험한 3D[62] 업종에는 인력이 턱없이 부족하여 불균형 현상이 심각한 현실이다. 사회의 특정분야에는 사람이 부족하여 외국인 노동자를 들여와서 일을 하게 하면서 다른 한편에서는 사람이 넘쳐서 미취업 상태의 젊은이가 부모 세대에 의존하면서 빈둥거리며 놀고 있는 보기 싫은 모습이 오늘날 한국

---

62) Difficult, Dirty, Dangerous를 지칭함.

사회가 처해 있는 모습이다.

따라서 일할 나이에 도달한 사회 구성원 모두가 '적재適材. 적소適所. 적시適時'의 원칙에 따라 근로의 의무를 다하면서, 논어에 제시된 "행유여력, 즉이학문行有餘力 則以學文"[63], 즉 행하고서 남은 힘이 있으면 학문을 한다는 정신으로 평생학습을 하면서, 사회 발전에 기여할 수 있도록 학제, 학교 수, 교육 내용, 인력 배치, 임금 체계, 근로 조건 등 교육과 노동 전 분야에 걸쳐 근본적 구조개혁이 필요한 시점이다.

한국은 다른 나라에 특별히 내세울 만한 부존자원이 없다. 그러나 인적자원은 상대적 우위를 차지하고 있다. 다른 나라가 흉내 내지 못하는 인적자원 개발을 위한 수준 높은 교육체계와 근로체계 정립은 한국의 발전을 위해 반드시 채택해야 하는 국가전략이다. 따라서 교육 개혁과 근로체계 개선은 국가생존 전략적 차원에서 이루어지고 추진되어야 한다.

특히, 과학 기술력이 축적되고, 사회가 복잡해지며, 도구와 물질이 인간 생활에 미치는 영향이 클수록 외물에 지배를 당하는 인간성 상실, 소외현상이 심화되고, 균형감각을 유지하기가 쉽지 않게 된다. 따라서 갈수록 견고한 인격과 인간성 기반 위에 과학 기술력을 구비한 인재양성이 더욱 중요해진다.

또한, 선진국 따라잡기 패러다임에서 벗어나 새로운 것을 창조하고 먼저 제시하는 패러다임으로 전환하기 위해서는, 고매한 인격을 바탕으로 자기 자신에 대한 정체성과 자존감이 높고, 민족적 주체성이 확고하고, 세계를 향한 열린 마음을 지닌 창의력을 지닌 인재양성이 필수적이다.

---

63) 이기동 역해, 「논어 강설」(서울, 성균관대학교 출판부, 2009), p.56.

10. 안전 및 재난에 대한
   의식개혁과 시스템 정비 및 보완

사람들의 의식 속에 통상 국방이나 안전 재해 관련 경비는 소모성 비용으로 치부하는 경향이 있다. 당장 전쟁이나 사고 재난이 발생하지 않으니까 좀 줄이고 없애도 문제가 없다는 안이한 경향이 있어 왔다. 그렇지만, "평화를 바라면 전쟁에 대비하고, 안전을 바라면 재난에 대비하라."는 구호와 같이 국가의 안전 보장과 사회의 안전 확보에는 공짜가 없다.

세월호 사고로 발생한 국가 사회 전반의 인적, 물적, 정신적 손실을 종합해보면 단순하고 근시안적인 경제논리를 고집할 수 없다는 것을 모두가 절감했으리라 본다. 소탐대실小貪大失의 어리석음을 더 이상 반복하지 않아야 한다. 따라서 안전과 관련된 하드웨어 및 소프트웨어 전반에 대하여 과감한 투자가 이루어지고 선진화가 정착되어야 한다.

또한 한국의 경제규모와 국가 사회적 현실을 반영한 의식개혁과 패러다임 전환이 필요한 때다. 개인, 가계, 기업, 정부 등 모든 분야에서 생각이 바뀌어야 한다.

안전은 그 누군가가 그냥 가져다주고 보장해주는 것이 아니라 스스로 일상에서 노력하고 비용을 지불해야 확보된다는 것을 인식해야 한다.

각 개인이 가정에서부터 전기, 가스, 수도, 화재와 관련된 안전수칙을 철저히 지키고 밖에서는 교통신호, 황단보도, 규정 속도 등 제반 공중도덕과 기초 질서를 제대로 지키는 것부터 실천해야 한다. 그리고 가정과 직장, 공공장소, 건설공사현장, 사회간접자본시설 등에서 안전 관련 위험요소가 발견되면 적극적으로 시정하고 경각심을 고취시켜야 한다. '나부터 똑바로, 너, 우리 모두가 똑바로!'의 자세로 기본과 원칙에 충실한 성숙된 의식이 절실하다.

또한 현대사회는 과학기술의 발달과 인구집중과 연계하여 도시가 대규모화하고 복잡해지며, 전기, 가스, 오일, 수도, 차량, 지하철, 항공기, 선박 등 지하 공간, 지상, 해상, 공중 등 각종 생활이 편리해지는 만큼 취약요인도 많아지고 있다. 따라서 위험요인이 누적되어 사고가 발생했을 때 대형사고로 이어질 소지가 크고 특정분야의 사고는 곧바로 다른 곳으로 파급되어 연쇄적인 영향을 미치게 되는 속성을 지니고 있다. 또한 재난 발생 시 대규모 인적 물적 피해가 발생할 소지가 크다. 즉 인간의 편의와 공동체의 효율성을 위해 만든 모든 기기와 사회적 시설이 이기도 되고 흉기도 되는 양면성을 지니고 있는 것이다.

그러나 현실에서는 각 기능별, 직능별 이해관계가 상충하고 미래의 안전에 투자하기보다는 현재 이익의 극대화가 우선시된다. 따라서 정부가 주도가 되어 이를 정비해야 한다. 전쟁이나 재해, 재난 등 국가 사회적 위기 시에 효과적으로 대응하기 위해서는 '지휘 통일의 원칙'[64]이 적용되어야 한다.

먼저, 국가의 안전 및 재난 관련 기본법 역할을 할 '통합 안전 및 재난 관리법'을 제정하고 이와 연계하여 각 분야별, 직능별 안전관련 법과 규정 방침이 연계되어야 한다. 부처별 이기주의나 밥그릇 다툼에서 완전히

---

64) 현장 최고 책임자(지휘관)를 중심으로, 업무의 효율성과 적시성을 높이기 위해, 명령 지시 계통을 일원화하는 원칙.

탈피하고 철저히 업무효율성, 실효성 보장에 중점을 두어야 한다. 이번 기회에 법률, 시행령, 시행규칙, 조례, 매뉴얼 등 중앙정부로부터 지방자치단체, 민간에 이르기까지 일관성 있게, 실제로 작동되도록 정비, 보완해야 한다.

특히, 민, 관, 군 제 기능을 통합할 수 있는 현장 책임자 임명과 지휘권 보장, 각 직능별 협조 및 상명하복관계 등 법적으로 책임과 의무를 명시하여 지휘계통 유지 및 보장이 확실하게 정립되어야 한다.

사공이 많으면 배가 산으로 올라간다는 말이 있듯이 조직과 기구도 많고 각 분야별 책임자도 많은데, 실제 상황이 발생하면 우왕좌왕하고 혼선이 초래되어 대응이 효과적으로 이루어지지 못하는 것은 바로 지휘 통일의 원칙이 정립되지 않았기 때문이다. 나아가서 사람의 생명과 안전과 관련된 각종 기준은 단순히 국제표준Global Standard을 준수하는 정도를 넘어서 사안에 따라서는 더욱 강화하여 '국제표준 +α'로 세계를 선도해 나가야 한다. 진정한 개혁은 잘못된 것을 단순히 바로잡는 것에 그치지 않고 미래의 새로운 환경까지 고려하여 새로운 틀을 마련하는 창조적 과정이어야 한다.

그리고 궁극적으로는 문명의 이기가 더 이상 흉기로 돌변하는 불행한 일이 발생하지 않도록, 인간이 자신이 만든 모든 외물에 조종당하는 상태에서 벗어나, 스스로 주체성과 주인의식을 회복하고 외물을 조종하는 상태가 되어야 안전이 담보된다.

11. 세월호 사고를 영원히 기억하자

먼저, 세월호 사고 후속조치와 유사 사고 재발방지책을 마련함에 있어서 명심해야 할 것이 있다. 그것은 세월이 약이 될 수 없고, 또한 세월이 약이 되어서도 안 된다는 것이다. 이제 슬픔을 딛고, 차분한 자세로 냉정을 되찾아서 해야 할 일을 제대로 할 때다.

진화 유전학적 설명에 따르면, 인류가 지구상에 출현하여 활동할 시기에 생존에 가장 위태로운 존재는 육식공룡이었다고 한다. 지금도 모든 사람은 강하고 날카로운 금속재질로 유리를 긁을 때 발생하는 고음을 들으면, 고도의 스트레스를 받게 되고 즉각적 반응을 일으키게 되는데 이는 공룡의 울음소리와 유사하기 때문이라고 알려져 있다. 생존과 직결된 공룡 울음소리가 인류의 진화 유전자 속에 깊숙하게 각인되어 전해지고 있기 때문이다.

국가의 안전보장과 사회의 안전 문제도 이와 유사한 작동원리가 적용되어야 유사사례가 반복되는 불행을 당하지 않는다. 이는 현대 국가의 여러 가지 기능과 역할 중에서도 가장 중요한 기능이기도 하다. 이와 같은 맥락에서 세월호 사고 교훈도 한국 사회에 유사 사고 재발 방지를 위한 유전적 인자로 각인시켜 세월이 가도 망각되지 않고 지속적으로 후세에 전달될 수 있도록 해야 한다.

세월호 사고가 남긴 깊은 교훈은, 축적된 인간의 지식과 기술이 낳은 현대문명의 이기를 활용하고 운용하면서, 그에 상응한 겸손함과 치밀함, 정교함, 합리적 태도가 수반되지 않고, 탐욕과 무지가 우선되면 문명의 이기가 흉기로 돌변하여 인간에게 막대한 피해를 입히게 된다는 것이다.

위대한 민족은 위기를 기회로 삼고 실패를 통하여 교훈을 도출하고 전화위복의 계기로 삼는다. 세월호 사고는 단순한 연안 여객선 침몰사고가 아니다. 전쟁이 아닌 평시에 어린 청소년을 포함하여 무고한 인명이 300명 넘게 희생되었다. 이는 한국사회의 병리현상이 초래한 사회적 재난으로서 현대를 살아가고 있는 사회 구성원 모두가 일말의 책임이 있으며 또한 책임감을 느껴야 한다.

따라서 아직도 진행 중인 침몰선박 인양 및 실종자 수색, 피해보상, 관련자 수사 및 문책과 관련하여 대충대충, 빨리빨리 논리가 적용되면 안된다. 피해자 및 유가족의 슬픔과 애통함을 함께 나누는 인간적 따뜻함과는 별개로 사후조치는 첫 단추를 다시 끼운다는 비장한 자세로 명명백백하게 밝히고 엄정하게 처리해야 한다.

그리고 침몰된 세월호가 보여주고 있는 "가치관이 전도顚倒되고, 인간이 물질을 지배하지 않고, 물질의 노예가 되는 주객이 바뀌면, 배가 전복顚覆된다."는 상징적 경고의 뜻을 심각하게 받아들여야 한다. 후세대가 이를 망각하지 않도록 지속적 반복교육이 이루어져야 한다.

맺음말

조선왕조가 수립되고 약 200년이 되자 사회적으로 노쇠현상이 나타나기 시작했다. 1392년에 고려에서 조선으로 왕조가 바뀐 이후 이렇다 할 외우내환 없이 무사태평한 나날이 계속되자 조선사회는 정체되고 무사안일에 젖어들게 되었다.

특히, 연산군, 중종, 인종, 명종 시대에 발생한 무오사화, 갑자사화, 기묘사화, 을사사화 등 훈구파와 사림파 사이의 양반 관료사회의 권력 주도권과 밥그릇 다툼은 극에 달하여 국가의 기강은 해이되고 민생은 도탄에 빠지는 등 사회적 병폐가 심각하였다. 1574년 당시의 대학자 이율곡 선생은 선조임금께 올리는 만언봉사에 나라를 걱정하는 마음을 다음과 같이 적고 있다.

"나라와 백성 사이에 서로 믿음이 없는 것이 첫 번째 근심거리요, 신하들이 일에 대하여 책임지지 않는 것이 둘째 근심이요, 경연을 통하여 임금의 덕을 성취하는 실상이 없는 것이 셋째 근심이요, 현명한 인재를 들여 쓰는 것이 없는 것이 넷째 근심이요, 재화를 만나도 하느님의 뜻에 응하는 것이 없는 것이 다섯째 근심이요, 여러 가지 정책을 추진함에 있어 백성을 구하는 것이 없는 것이 여섯째 근심이요, 사람들의 마음이 선善으로 향하지 않는 것이 일곱째 근심입니다. 이 일곱 가지 근심이 지금 세대의 고질이 되었는데 기강이 무너지고 민심의 시달림이 모두가 이것으로부터 초래된 것입니다. 지금 이를 시정치 않으면 더 큰 화를 초래하게 될 것입니다."

오늘의 현실에 비추어보면 사회적 불신감이 팽배하고, 공직자들의 무사안일과 무책임이 심화되고, 국무회의나 국회 대정부질문, 기타 정책토론회 과정에서 실제 민생과는 별 관계가 없는 당리당략 중심의 정쟁으로 일관하고, 공직인선 과정에 입현무방 유재시용의 원칙을 경시하고 정권획득 과정에 기여한 논공행상과 친소관계를 우선하고, 뜻있는 사람이 바른말을 하거나 건의를 해도 채택되지 않고, 각종 대형사고와 재난이 반복되어도 반성하지 않고 안전 불감증이 팽배하며, 정부의 정책이 민생위주의 정책보다는 당리당략과 단기적 인기영합정책을 우선하고, 국민들은 법과 원칙을 지키면 오히려 손해라고 생각하고 편법과 비리에 무감각하고, 이기주의와 쾌락추구 현상이 심한 것으로 비유할 수 있다.

이율곡 선생은 우국충정의 심정으로 거국적인 변법경장變法更張이 필요함을 주장하며 국정 전반에 대한 쇄신방안을 제시했다. 왕도정치의 회복, 백성들의 의식개혁과 교화, 입현무방 유재시용의 원칙에 따른 인사제도 혁신, 세제개혁과 재정건전성 강화, 서민부담경감, 국방력 강화 등이 제시되었다. 그는 제시된 방법으로 개혁을 추진해서 3년 이내에 성과가 나타나지 않으면 임금을 기망한 죄로 다스려 달라며 목숨을 걸고 개혁을 주장했다. 그러나 선조임금도 적극성을 보이지 않고 대신들도 귀기울이는 사람이 없었다. 무사안일이 고질화되어 있었고, 개혁을 제대로 추진하기 위해서는 양반 관료체제를 중심으로 구축된 기존의 기득권이 크게 훼손될 수밖에 없었기 때문이다. 그로부터 10년이 채 안 되어 이율곡 선생은 1584년 49세를 일기로 세상을 떠나고 1592년 임진왜란이 발발했다. 국가와 사회 혁신의 기회를 상실한 조선은 그후 1636년 병자호란을 거치면서 더욱 약화되고 1910년에는 일본에게 나라를 통째로 빼앗기는 치욕을 당하게 된다. 반만 년 민족사에서 가장 굴욕적이고 치욕적인 36년간의 일제강점기를 끝내고 1945년 8월 15일 해방을 하고 70년이 경과했다.

한국 현대사 70년을 결산하고 2015년도 한국 사회의 현실을 직시해보자. 지금까지 논의된 한국 사회의 병리현상들이 이율곡 선생이 400여 년 전에 경고한 조선 중기의 사회적 병폐와 너무나 유사하여 놀라울 따름이다. 우리는 역사의 냉엄한 교훈을 망각하고 400여 년 전의 선조들이 범했던 무사안일과 시행착오를 반복하고 있지는 않은지 냉철하게 반성해야 한다.

"평화를 바란다면 전쟁에 대비하고, 안전을 바란다면 재난에 대비하고, 건강을 원하면 질병에 대비하라."

이는 국가의 안전보장과 사회의 안전 확보, 각 개인의 건강한 삶을 위해 반드시 새겨야 할 경구이다.

이제 한국 사회는 항생제 복용을 중단하고, 약물에 의존하고 건강보조식품에 기대는 것과 같은 잘못된 병폐를 과감하게 고쳐서, 체질을 개선하고 면역력과 자연치유력을 회복하고 스스로 건강을 되찾아야 한다. 그리고 건강하고 온전한 유기체로 거듭나서 태권도 9단의 완숙한 경지에 도달하여 태권도 3단 수준에 머물러 있는 북한을 포용하고 설득해야 한다.

그리고 힘이 있다고 전쟁이나 폭력적 방법으로 상대방을 제압하거나, 외세를 끌어와 물리적으로 상대방을 제압하려 해서도 안 된다. 신라가 당나라를 끌어와 무력으로 백제와 고구려를 멸망시키고 얻은 부분적 한반도 통일의 후유증이 오랫동안 지속되었고,[1] 북한이 민족해방을 구실로 남침전쟁을 도발한 후유증이 60년 넘도록 지금도 지속되고 있는 역사적 교훈을 남한과 북한 모두가 직시해야 한다.

따라서 가화만사성家和萬事成 교훈에 따라 지난 70년간 계속되어온, 한반도를 지탱하는 백두대간의 한가운데 척추가 부러지고, 허리부분의 근육이 굳어지고, 혈관이 막히고, 세포가 퇴화되어 산소와 영양분이 몸 전체로 원활히 공급되고 순환하지 못하는 심각한 남북대결 국면을 종식시키고, 부러진 허리를 고치고, 뭉친 근육을 풀고, 막힌 혈관을 뚫고, 세포를 건강하게 하여 산소와 영양분이 한반도 전체에 원활히 공급되도록 새로운 화해 협력과 통일의 시대를 열어야 한다.

통일된 한반도는 진돗개와 풍산개가 힘을 합하여 특유의 총명함 Smart, 민첩성Speed, 강인함Strong을 극대화하면, 사자, 호랑이, 곰, 하이에나가 무시하지 못하는 존재가 되는 것처럼, 지구촌 중견강국으로 부상할 것이다.

그리고 한반도가 주변 국가들에 비해 국토 면적도 작고 인구도 적지

---

1) 신라는 당나라를 끌어와서 백제와 고구려를 무력으로 제압하고 삼국통일을 이루려했다. 당나라도 수나라 시대부터 수차례 실패한 고구려 정복을 위해 신라를 이용하여 후방에서 공격하기로 하고 나당연합군을 편성하고 전쟁을 하게 되었다. 백제와 고구려가 패망하자 당나라는 한반도 전체를 식민 상태로 두고자 했다. 신라가 반발하고 전쟁으로 대응하자, 원산만 이남지역까지만 신라의 영토로 인정하면서 옛 고구려 땅의 대부분은 당나라 영향 지역으로 편입했다. 또한 전쟁으로 인한 상처가 백제, 고구려 유민들에게 오랫동안 지속되어 통일신라 말기에는 후백제, 후고구려로 다시 분열되고 고려가 건국되면서 진정한 통일이 이룩되었다.

만, "산이 높지 않아도 신선이 살고 있으면 명산이 되고, 물이 깊지 않아도 용이 살고 있으면 신령스러운 곳이다.(山不在高, 有仙則名, 水不在深, 有龍則靈)"[2]라는 구절이 말해주듯이, 이 땅에 살고 있는 모든 사람의 생각이 넓고 바르고, 하늘과 땅과 사람이 하나 되는 인류문명의 새로운 패러다임을 제시하면 진정한 선진국이고 강대국이라고 할 수 있다. 또한, 한민족이 온갖 어려움을 극복하고, '일제강점기 → 분단 → 전쟁 → 냉전 → 산업화 → 민주화 → 정보화 → 세계화 → 평화적 통일 → 자연 친화적 새로운 삶의 모델 제시'의 위대한 업적을 달성한 모습을 세계인들은 '한반도의 기적'이라고 칭송하고 존경할 것이다.

현대 한국 사회의 장·노년층을 이루는 전쟁 경험 세대와 전후 세대가 해결하지 못하고 유산으로 남긴 과제가 너무 많아 송구할 뿐이다. 필자도 한국 현대사 70년과 대부분 함께 살아온 전후 세대의 한 사람이다. 한편으로는 이와 같은 문제가 많은 사회를 개혁하지 못한 자괴감과 후세에 무거운 짐을 남기는 죄책감이 교차하면서, 이율곡 선생이 만언봉사를 쓰는 심정을 담아서, 필자의 진단診斷과 처방處方이 오진誤診이 아니고 잘못된 처방이 아니기를 바라면서 이 책을 썼다.

그러나 후생가외後生可畏[3]라는 말처럼, 지, 인, 용 삼덕을 골고루 구비하고, 주체적 한국인, 열린 아시아인, 창조적 세계인으로서 현명하고 유능하게 성장한 후세대들이, 기존의 '친미親美 + 반북反北 + 숭재崇財 +구리求利' 패러다임을 청산하고, '연북聯北 + 교린交隣 + 숭덕崇德 + 구의求

---

2) 당나라 시인 유우석이 지은 「누실명」에 나오는 구절.
3) 논어에 나오는 말. 뒤를 잇는 후배들이 더 뛰어나고 두려운 존재라는 의미.

義'의 새로운 패러다임을 구축하여, 인간의 존엄성과 생명 존중 가치가 구현되고, 도의가 숭상되며, 법과 정의가 지배하면서, 사람과 사람, 인간과 자연이 조화를 이루고 다함께 잘 사는 통일된 한민족 공동체를 건설하여, 선진문화강국으로 세계 속에 우뚝 서는 날이 빨리 오기를 기대한다. 더 나아가서 한민족이 정립한 '친 자연주의적 삶의 방식'이 서구인들이 구축한 '신 자유주의적 패러다임'의 한계와 문제점을 극복하는 대안으로서 인류를 위한 새로운 길이 되기를 간절히 기원한다.

고려 민주공화국(高麗 民主共和國, Republic of Korea)
"새로운 애국가"
태평양과 한반도가 마르고 다하도록, 하늘, 땅, 사람이 하나 되는,
고려민주공화국만세!
삼천리금수강산, 반만년 문명 역사, 고려인(Korean)이 주인 되어,
길이길이 지켜가세.

위 표의 내용은 필자의 간절한 소망을 담아 작성한, 미래 통일된 한민족 공동체의 나라 이름과 새로운 애국가 가사이다. 진정 위대한 민족은 역사의 들러리 정도에 만족하지도 않고, 주인공 역할에도 만족하지 않고, 지금까지 어느 민족도 하지 못한 유일무이한 일을 하는 것을 목표로 삼는다는 말이 있다.

필자는 한민족이 '한강의 기적'을 넘어서 '한반도의 기적'을 이루기 위해 새로운 시대를 열어가면서 하는 일이 바로 유일무이한 일이라고 생각해 본다.

참고 문헌

· 금장태, 「선비의 가슴속에 품은 하늘」,
  서울, 지식과 교양, 2012.
· 김강녕, 「국제정치와 남북한 평화안보」,
  경북 경주 : 신지서원, 2007.
· 김정위, 「중동사」,
  서울, 대한교과서 주식회사, 1990.
· 김용옥, 「중용 인간의 맛」, 서울, 통나무, 2012.
· 김운태 외 7인 공저, 「한국정치론」,
  서울, 박영사, 1986.
· 김태길, 「인간의 존엄성과 성실」,
  서울, 삼육출판사, 1996.
· 김학주 역, 「노자」, 서울, 명문당, 2002.
· 김학주 역, 「손자, 오자」, 서울, 명문당, 1999.
· 김희영 엮음, 「이야기 일본사」,
  서울, 청아출판사, 1994.
· 대통령자문 21세기위원회, 「21세기의 한국과
  한국인」, 서울, 나남 출판, 1995.
· 마아빈 토케이어 저, 김상기 역, 「탈무드」,
  서울, 태종출판사, 1990.
· 소이원, 「21세기 화랑도」,
  서울, 에세이퍼블리싱, 2010.
· 순자 지음, 김학주 옮김, 「순자」,
  서울, 을유 문화사, 2009.
· 시바야마 게이타 지음, 전형배 옮김,
  「조용한 대공황」, 서울, 도서출판 동아시아,
  2013.
· 신진, 「북한과 한 · 미 외교정책의 소용돌이」,
  대전 : 문경출판사, 2004.
· 오긍 저, 김원중 역, 「정관정요」,
  서울, 현암사, 2008.
· 율곡 이이 글, 강세구 엮음,
  「만언봉사, 목숨을 건 직설의 미학」,
  경기도 광명 : 꿈이 있는 세상, 2007.
· 이기동 역해, 「논어 강설」,
  서울, 성균관 대학교 출판부, 2009.

· 이기동 역해, 「대학·중용 강설」,
  서울, 성균관 대학교 출판부, 2009.
· 이기백, 「한국사 신론」, 서울, 일조각, 1984.
· 이상옥 역, 「육도삼략」, 서울, 명문당, 2007.
· 이창위, 「우리의 눈으로 본 일본제국 흥망사」,
  서울, 궁리출판, 2005.
· 장자 지음, 김창환 옮김, 「장자」,
  서울, 을유 문화사, 2010.
· 정윤재, 「정치 리더십과 한국 민주주의,
  한국대통령 리더십 연구」 경기 파주, 나남, 2012.
· 조성도, 「충무공의 생애와 사상」,
  서울, 명문당, 1989.
· 조좌호, 「한국 과거제도사 연구」,
  서울, 범우사, 1996.
· 존 톨랜드 지음, 김익희 옮김, 「존 톨랜드의
  6 · 25 전쟁 1, 2」, 서울, 도서출판 바움, 2010.
· 지승, 「삼신과 한국사상」, 서울, 학민사, 2004.
· 한영우, 「한국 선비 지성사」,
  서울, 지식 산업사, 2010.
· 한용상, 「교회가 죽어야 예수가 산다」,
  서울, 해누리 기획, 2001.
· CCTV 다큐멘터리 대국굴기 제작팀 지음,
  허유영 번역, 「강대국의 조건, 일본,
  중국, 미국, 러시아, 독일, 프랑스, 영국 편」,
  경기도 파주, 안그라픽스, 2007.
· EBS 「자본주의」제작팀, 정지은, 고희정,
  「자본주의」, 서울, 가나문화콘텐츠, 2013.
· E. H. 카, 황문수 역, 「역사란 무엇인가」,
  서울, 범우사, 1987.
· DAVID p.BARASH, CHARLES
  p.WEBEL, 「PEACE AND CONFLICT
  STUDIES」, LONDON : SAGE, 2002.
· NORTON & 6, A PEOPLE & NATION,
  「a history of the united states」,
  BOSTON : Houghton Mifflin Company, 1988.